El secreto para lograrlo

Angélica Atondo

Prólogo
María Elena Salinas

RELACIONES
HUMANAS

Miguel Ángel
Porrúa

MÉXICO • 2012

A Farah
Para que sueñes, luches y lo logres.
Eres el motor de mi vida,
la luz en mis noches y la alegría de mis días.
Te amo con el alma

Segunda edición, enero de 2013

© 2012
ANGÉLICA ATONDO

© 2012
Por características tipográficas y de diseño editorial
MIGUEL ÁNGEL PORRÚA, librero-editor

Derechos reservados conforme a la ley
ISBN 978-607-401-563-8

w w w . m a p o r r u a . c o m . m x
Amargura 4, San Ángel, Álvaro Obregón, 01000
México, D.F.

Introducción

Cuando decidí escribir este libro mi hija Farah era una be-
bé, pensaba mil veces en diferentes formas con las cuales
pudiera ayudarla a que lograra sus metas cuando creciera.
Adelantandome mucho a la realidad y sabiendo que eso no
sucedería hasta dentro de muchos años emepecé a escribir El
Secreto para Lograrlo.

Hice un recuento muy profundo de los momentos en los
que había sentido que logré uno de mis objetivos, recordé lo
que me ayudó a tomar la fuerza cuando estaba por renunciar a
mis sueños y documenté las frases, momentos y enseñanzas
que alguien más me había dado en ese tiempo.

Sin embargo, tengo muy claro que para lograr las metas
necesitas sufrir. Tal vez dices "¿sufrir?, ¿yo?, ¿y esta loca dra-
mática de qué habla?" Hablo de los sacrificios que tienes que
hacer para poder lograr tu objetivo. Por ejemplo, cuando tenía
18 años y trabajaba en una estación de radio en Tucson Arizo-
na, no tenía documentos legales para hacerlo, aún así me
arriesgué y como era la nueva, sin "papeles" y la más jóven me

convertí en el "comodin"; la que llenaba los espacios de todos los que faltaban, se reportaban enfermos o en los horarios en los que era más difícil conseguir que un locutor quisiera trabajar, como el abrir la radio a las 5am los domingos o tener que trabajar un viernes o sábado por la noche hasta las 12am. Eso hizo que me perdiera muchas fiestas con mis amigos, salidas a cenar, un "date" con algún pretendiente, ver el estreno de una película en el cine con mis amigas, ir a un concierto, reuniones familiares… o cualquier actividad propia de mi edad. Pero, ¿me arrepiento de eso? NO, y jamás lo haría por que ese tiempo de sacrificio me ayudó a ganar una experiencia enorme que fue mi carta de presentación para entrar a la televisión y poder lograr empezar a cumplir mi sueño de estar en la pantalla chica a los 19 años cuando muchos de mis amigos ni idea tenían aún de que querian en la vida.

¿Sacrificio? Uff… ¡para nada! Si tuviera que volverlo a pasar lo haría con una gran sonrisa.

Este libro no es para lectores experimentados, es para personas como tú que buscan un poquito de inspiración, una frase, una historia que te ayude a lograr lo que quieres en la vida, un momento del cual agarrarte y empezar a recorrer tu propio camino. Yo en algún momento deseé tener a alguien que me dijera que podía cumplir mi objetivo, o algo que me ayudara a sentirme segura. Ojalá yo pueda aportar un poquito de seguridad para que nunca tengas que decir… "yo hubiera querido" y en lugar digas "¡yo pude lograrlo!".

Con cariño, para Farah y para ti.

Angélica Atondo.

Prólogo

CAMINOS *CON* CORA

MINOS CON CORAZ

CON CORAZÓN CAMINOS C

RAZÓN CAMINOS CON

CAMINOS CON CORAZÓN

CON CORAZÓN CAMINOS

ZÓN CAMINOS CON

CAMINOS CON CORAZÓN

CON CORAZÓN CAMINOS

RAZÓN CAMINOS CO

CORAZÓN CAMINOS

ZÓN CAMINOS *CON*

CORAZÓN *RAZÓN* CA

CORAZÓN CAMINOS *CO*

RAZÓN CAMINOS CO

María Elena Salinas

Presentadora principal de Noticiero Univisión
y galardonada numerosamente a nivel nacional

El éxito es algo muy relativo. Para algunos puede ser un puesto importante, ganar mucho dinero, ser famoso, tener el reconocimiento de sus superiores por su labor, ejercer el poder. Sin embargo, pienso que el éxito radica en alcanzar metas. No importa que tan grandes o pequeñas sean, el fijarse una meta y lograrla es el verdadero significado del éxito.

Ese fue el mensaje que llevé en el 2007 a la Universidad estatal de California, en Fresno, cuando ofrecí el discurso principal en la graduación de estudiantes hispanos. Me invitaron, presuntamente, por considerarme una persona exitosa que podría darles un mensaje de inspiración. Sin embargo fueron ellos, los estudiantes, los que me inspiraron a mí.

Había 550 jóvenes graduándose. Todos pertenecientes a familias inmigrantes, algunos indocumentados, y la gran mayoría compartía un común denominador: eran los primeros en su familia en lograr una educación universitaria. Esos jovencitos, muchos de los cuales trabajaban en los campos mientras estudiaban, lograron romper la barrera de lo que parecía inalcanzable, y abrir para los suyos un mundo nuevo de posibilidades. Romper el círculo vicioso de la pobreza. Eso es éxito. El fijarse una meta y lograrla contra toda adversidad.

Llegar a ese punto no es fácil. La vida nos pone una serie de obstáculos difíciles de sobreponer, el peor de todos es el que tenemos en la mente. El diablito en nuestra consciencia que nos dice "no se puede", "no lo vas a lograr", "no eres suficientemente inteligente o astuto", "no estás al nivel". El primer paso al éxito, a lograr nuestro sueño, es mandar a ese diablito al diablo.

Yo tuve la gran fortuna de tener a unos padres que siempre me inculcaron el positivismo. A pesar de ser de una familia de bajos recursos, mis hermanas y yo nunca sentimos que algo nos hiciera falta. Y también tuve la suerte de conocer a varias personas a lo largo de mi vida que me dieron buenos consejos, que me enseñaron que todo se puede lograr con esfuerzo. Que hay que estar preparado para cuando las oportunidades toquen en nuestra puerta, y si no tocan, hay que ir a buscarlas.

Es así como formé mi propia meta en la vida y la que trato de inculcarle a mis hijas: No ser conformista y no permitirme ser mediocre.

En este libro Angélica Atondo ha recopilado viejas enseñanzas y nuevas vivencias para motivar a quienes no se han dado cuenta de su potencial. Desafortunadamente hay muchos jóvenes con grandes posibilidades de lograr su sueño que están paralizados por el miedo o por la inseguridad. Quienes sienten que su sueño es inalcanzable. Angélica les habla directamente a esos jóvenes que, como ella, en su adolescencia, tienen grandes sueños y que, buscan la inspiración y los mecanismos para sobreponerse a los obstáculos. Es ese mensaje positivo que se requiere para lograr el éxito y que Angélica, con sabiduría, esfuerzo y trabajo ha sabido aplicar en su propio camino al éxito. Léanlo, una y otra vez. Tarde o temprano, el mensaje llega.

CAMINOS *CON* CORA
MINOS CON CORAZ
N CORAZÓN CAMINOS C
RAZÓN CAMINOS CON
CAMINOS CON CORAZÓN
ON CORAZÓN CAMINOS
ÓN CAMINOS CO
CAMINOS CON CORAZÓN
ON CORAZÓN CAMINOS
RAZÓN CAMINOS CC
CORAZÓN CAMINOS
ÓN CAMINOS *CON*
CORAZÓN *Sueña*
RAZÓN CAMINOS CC
RAZÓN CAMINOS CC

CAMINOS CON CORA
MINOS CON CORAZ
CON CORAZÓN CAMINOS CO
RAZÓN CAMINOS CON
CAMINOS CON CORAZÓN
CON CORAZÓN CAMINOS
ZÓN CAMINOS CON
CAMINOS CON CORAZÓN
CON CORAZÓN CAMINOS
RAZÓN CAMINOS CO
CORAZÓN CAMINOS
ZÓN CAMINOS CON
CORAZÓN RAZÓN CA
CORAZÓN CAMINOS CO
RAZÓN CAMINOS CO

I

En los sueños descubrimos mundos desconocidos, descubrimos que no todo debe ser como la realidad lo dicta.

Uno debe atreverse a soñar despierto, recordar que no todo debe funcionar como nos han dicho, que las soluciones que se antojan imposibles pueden ser posibles.

| QUOTING

Nunca sueño cuando duermo, sino cuando estoy despierto.

JOAN MIRÓ, *pintor español*

Así como los sueños nocturnos no siempre se parecen a la realidad, cuando soñamos despiertos tampoco garantizamos que eso se volverá realidad, pero tenemos al menos una guía y un motivo que nos da hambre y ambición para seguir adelante.

Y, a veces, con esfuerzo y suerte, nos podemos topar con una realidad aún más hermosa que los sueños.

Pero aun si no, tenemos el refugio de la esperanza: podemos soñar con una mejor realidad.

Nuestros sueños, nuestras aspiraciones, revelan lo más profundo de nuestro ser.

Atiende tus sueños, porque te revelarán lo que eres.

Pregúntate constantemente por qué deseas lo que deseas y qué debes de hacer para conseguirlo.

| QUOTING

Me gustan más los sueños del futuro que la historia del pasado.

THOMAS JEFFERSON, *político estadounidense*

Con frecuencia, la realidad se encargará de contradecir tus deseos, es bueno descubrir cuando nos empecinamos en algo imposible, pero también luchar cuando algo dentro de nosotros nos dice que hay alguna posibilidad.

No confíes en los que se burlan de tus sueños ni en los que se burlan de los sueños de otros, pero rodéate de gente crítica. Y cuando digo gente crítica, ¿a qué me refiero?

A personas que te dicen la verdad, que te ayudan a definir tus sueños y te cuestionan sobre la forma en que actuarás para lograrlo. Esos críticos suelen ser los que más te inspiran y ayudan. Aunque muchos de sus comentarios no son lo que quieras escuchar.

Cuéntale tus sueños a la gente adecuada, en algún momento, con el paso del tiempo, te preguntarán, "¿qué paso con tu sueño de…?". Y te verás obligado a responder si lo lograste, si estás en proceso, o si abandonaste la idea a mitad del camino.

Sé agradecido con tus sueños, son tu derecho legítimo, no permitas que nadie te los arranque.

No permitas que te digan que el sueño que tienes es imposible, porque el pesimismo de esa persona puede terminar opacando tu deseo de alcanzarlo, o puede sembrarte miedos y terminarás creyendo que no es posible.

Cuando esté en tus manos, empuja a los demás a alcanzar sus sueños, algún día ellos podrán ayudarte; aun si nunca lo hacen estarás labrando un mejor mundo: si las personas son felices éste es un mejor sitio para vivir.

A menudo escuchamos a motivadores preguntándonos: ¿Quién dice que no se puede? O vemos esta frase en campañas de promoción de algún artículo.

Pero si lo analizas te darás cuenta que las páginas más brillantes de la historia se construyeron con hombres y mujeres tenaces que se atrevieron a soñar y lucharon por convertir sus deseos en realidad. Y que tal vez se preguntaban a sí mismos frecuentemente: "¿quién dice que no se puede?"

♪ | SOUNDTRACK
Dream on, dream until your dreams come true.

Dream on, Aerosmith

> No hay peor forma de estancarse que pensar que
> uno ha alcanzado todo lo que puede alcanzar.

Recuerda que no tener todo lo que deseas puede ser un privilegio: cuando uno lo tiene todo sobreviene la muerte del deseo.

Al soñar es muy importante hacer una lista de lo que deseas a futuro, más vale tener los sueños claros, así, cuando aparezcan las oportunidades, podrás reconocer fácilmente lo que más quieres.

Y te sugiero poner esa lista en un lugar donde la veas constantemente para que puedas identificar las oportunidades que te llevarán a lograr tus metas.

Lee, investiga sobre la vida de otros soñadores, te aseguro que no eres el único.

| **Soundtrack**
You may say that I'm a dreamer,
but I'm not the only one.

Imagine, John Lennon

"Soy un soñador", "soy una soñadora". Que no te dé pena decir eso, pero que éso no te impida reconocer la realidad.

De mí se reían en la escuela cuando les contaba mis sueños a mis compañeros, parecía imposible y sumamente difícil, pero nunca deje que mataran mis ganas de triunfar.

La gente se empeña en medir a los demás por sus realidades, cuando también se pueden medir por sus sueños y el esfuerzo que estén haciendo por alcanzarlos.

Mantente en el camino que te llevará a lo que deseas, y si por alguna razón debes cambiar de camino, procura tener fijo el rumbo: a veces no importa por dónde llegues, sino llegar.

Pero nunca te pierdas de disfrutar el camino: éste es tan importante como tu destino.

Tal vez quieras recordar esto, a mí me ha funcionado, cada vez que veo que no estoy disfrutando el camino hacia mis sueños y se torna difícil, hago una pausa y reflexiono qué tanto es mi deseo por alcanzar mi sueño y trato de encontrar el aprendizaje en ese momento difícil.

Si aprendes a amar tus medios no estarás ansioso por llegar al fin.

La desesperación no es buena compañera: recuérdate permanentemente a dónde quieres llegar, pero sé paciente en tu búsqueda, disfruta cada paso que das.

| QUOTING

Sólo es capaz de realizar los sueños el que, cuando llega la hora, sabe estar despierto.

León Daudí, *escritor español*

> Ama tu camino, pero no te acostumbres a él, debes
> de ser valiente cuando hayas llegado a tu final.

Y si llegas a tu meta, descansa, relájate un instante, disfrútala, sonríe y planea una nueva meta, quedarse quieto muchas veces es retroceder.

Desde que inicié mi carrera me he asegurado de recordar los nombres y guardar los teléfonos de la gente que me ayudó a alcanzar mis metas o me dio la mano en el proceso. Te aconsejo que seas agradecido y bríndales ayuda cuando tengas los medios para hacerlo.

Y cuando tengas un logro importante en tu carrera, llámalo o escríbele un e-mail para agradecerle el apoyo que te brindó, yo siempre lo hago con quienes me han ayudado y eso deja un sentimiento muy bello de gratitud.

Sería muy padre poder convertirnos en una comunidad de soñadores, hagamos todo porque los demás cumplan sus sueños antes que volvernos su pesadilla.

BEDTIME STORIES
LA HISTORIA DE LA VACA

Para impartir su lección al joven, el maestro decidió que aquella tarde visitaran juntos algunos de los parajes más pobres de la provincia. Después de caminar un largo rato encontraron el vecindario más triste y desolador de la comarca y se dispusieron a buscar la más humilde de todas las viviendas. Aquella casucha a medio derrumbarse, que se encontraba en la parte más alejada del caserío era, sin duda alguna, la más pobre de todas.

Sus paredes se sostenían en pie de milagro aunque amenazaban con venirse abajo en cualquier momento; el improvisado techo dejaba filtrar el agua, y la basura y los desperdicios se acumulaban a su alrededor dándole un aspecto decrépito y repulsivo. Sin embargo, lo más sorprendente de todo era que en aquella casucha de apenas seis metros cuadrados vivían ocho personas. El padre, la madre, cuatro hijos y dos abuelos se las arreglaban para acomodarse de cualquier manera en aquel reducido espacio. Sus ropas viejas y remendadas, y la suciedad y el mal olor que envolvía sus cuerpos, eran la mejor prueba de la profunda miseria que ahí reinaba. Sus miradas tristes y sus cabezas bajas no dejaban duda de que la pobreza y la inopia no sólo se habían apoderado de sus cuerpos sino que también habían encontrado albergue en su interior.

Curiosamente, en medio de este estado de penuria y pobreza total la familia contaba con una sola posesión extraordinaria bajo tales circunstancias: una vaca. Una flacuchenta vaca cuya escasa leche le proveía a la familia un poco de alimento para sobrevivir. La vaca era la única posesión material con la que contaban y lo único que los separaba de la miseria total. Y allí, en medio de la basura y el desorden, el maestro y su discípulo pasaron la noche. Al día siguiente, muy temprano, asegurándose de no despertar a nadie, los dos viajeros se dispusieron a continuar su camino. Salieron de la morada pero, antes de emprender la marcha, el anciano maestro le dijo en voz baja a su discípulo:

—Es hora de que aprendas la lección que nos trajo a estos parajes.

Después de todo, lo único que habían visto durante su corta estadía eran los resultados de una vida de conformismo y mediocridad, pero aún no estaba del todo claro para el joven discípulo cuál era la causa que había originado tal estado de abandono.

Ésta era la verdadera lección, el maestro lo sabía y había llegado el momento de enseñársela. Ante la incrédula mirada del joven, y sin que éste pudiera hacer algo para evitarlo, súbitamente el anciano sacó una daga que llevaba en su bolsa y de un solo tajo degolló a la pobre vaca que se encontraba atada a la puerta de la vivienda.

—¿Qué has hecho maestro? —dijo el joven susurrando angustiadamente para no despertar a la familia—. ¿Qué lección es ésta que deja a una familia en la ruina total? ¿Cómo has podido matar esta pobre vaca que era su única posesión? Sin inmutarse ante la preocupación de su joven discípulo y sin hacer caso de sus interrogantes, el anciano se dispuso a continuar su marcha.

Así pues, dejando atrás aquella macabra escena, maestro y discípulo partieron. El primero, aparentemente indiferente ante la suerte que le esperaba a la pobre familia por la pérdida del animal. Durante los días siguientes al joven le asaltaba una y otra vez la nefasta idea de que, sin la vaca, la familia seguramente moriría de hambre. ¿Qué otra suerte podían correr tras haber perdido su única fuente de sustento?

La historia cuenta que, un año más tarde, los dos hombres decidieron pasar nuevamente por aquel paraje para ver qué había ocurrido con la familia. Buscaron en vano la humilde vivienda.

El lugar parecía ser el mismo, pero donde un año atrás se encontraba la ruinosa casucha ahora se levantaba una casa grande que, aparentemente, había sido construida recientemente.

Se detuvieron por un momento para observar a la distancia, asegurándose que se encontraran en el mismo sitio. Lo primero que pasó por la mente del joven fue el presentimiento de que la muerte de la vaca había sido un golpe demasiado duro para aquella pobre familia. Muy probablemente se habían visto obligados a abandonar aquel lugar y una nueva familia, con mayores posesiones, se había adueñado de éste y había construido una mejor vivienda.

¿A dónde habrían ido a parar aquel hombre y su familia? ¿Qué habría sucedido con ellos? Quizás fue la pena moral la que los doblegó. Todo esto pasaba por la mente del joven mientras se debatía entre el deseo de acercarse a la nueva vivienda para indagar por la suerte de los antiguos moradores o continuar su viaje y así evitar la confirmación de sus peores sospechas. Cuál no sería su sorpresa cuando, del interior de la casa, vio salir al mismo hombre que un año atrás les había dado posada. Sin embargo, su aspecto era totalmente distinto. Sus ojos brillaban, vestía ropas limpias, iba aseado y su amplia sonrisa mostraba que algo significativo había sucedido.

El joven no daba crédito a lo que veía. ¿Cómo era posible? ¿Qué había acontecido durante ese año? Rápidamente se dispuso a saludarle para averiguar qué había ocasionado tal cambio en la vida de esta familia.

—Hace un año, durante nuestro breve paso por aquí —dijo el joven— fuimos testigos de la inmensa pobreza en la que ustedes se encontraban. ¿Qué ocurrió durante este tiempo para que todo cambiara? El hombre, que ignoraba que el joven y su maestro habían sido los causantes de la muerte de la vaca, les contó cómo, casualmente el mismo día de su partida, algún maleante, envidioso de su escasa fortuna, había degollado salvajemente al pobre animal.

El hombre les confesó a los dos viajeros que su primera reacción ante la muerte de la vaca fue de desesperación y angustia. Por mucho tiempo, la leche que producía la vaca había sido su única fuente de sustento.

Más aún, poseer este animal les había ganado el respeto de los vecinos menos afortunados quienes seguramente envidiaban tan preciado bien. —Sin embargo —continuó el hombre— poco después de aquel trágico día, nos dimos cuenta que, a menos que hiciéramos algo, muy probablemente nuestra propia supervivencia se vería amenazada. Necesitábamos comer y buscar otras fuentes de alimento para nuestros hijos, así que limpiamos el patio de la parte de atrás de la casucha, conseguimos algunas semillas y sembramos hortalizas y legumbres para alimentarnos.

—Pasado algún tiempo, nos dimos cuenta que la improvisada granja producía mucho más de lo que necesitábamos para nuestro sustento, así que comenzamos a venderle algunos vegetales que nos sobraban a nuestros vecinos y con esa ganancia compramos más semillas. Poco después vimos que el sobrante de la cosecha alcanzaba para venderlo en el mercado del pueblo. Así lo hicimos y por primera vez en nuestra vida tuvimos dinero suficiente para comprar mejores vestidos y arreglar nuestra casa. De esta manera, poco a poco, este año nos ha traído una vida nueva. Es como si la trágica muerte de nuestra vaca, hubiese abierto las puertas de una nueva esperanza.

El joven, quien escuchaba atónito la increíble historia, entendió finalmente la lección que su sabio maestro quería enseñarle. Era obvio que la muerte del animal fue el principio de una vida de nuevas y mayores oportunidades. El maestro, quien había permanecido en silencio escuchando el fascinante relato del hombre, llevó al joven a un lado y le preguntó en voz baja: —¿Tú crees que si esta familia aún tuviese su vaca, habría logrado todo esto? —Seguramente no —respondió el joven.—¿Comprendes ahora? La vaca, además de ser su única posesión, era también la cadena que los mantenía atados a una vida de conformismo y mediocridad. Cuando ya no contaron más con la falsa seguridad que les daba sentirse poseedores de algo, así sólo fuera una flacucha vaca, tomaron la decisión de esforzarse por buscar algo más. —En otras palabras, la vaca, que para sus vecinos era una bendición, les daba la sensación de no estar en la pobreza total, cuando en realidad vivían en medio de la miseria.—¡Exactamente! —respondió el maestro—. Así sucede cuando tienes poco, porque lo poco que tienes se convierte en una cadena que no te permite buscar algo mejor.

(Versión del doctor Camilo Cruz)

El conformismo se apodera de tu vida. Sabes que no eres feliz con lo que posees, pero tampoco eres totalmente miserable.

Estás frustrado con la vida que llevas, mas no lo suficiente como para cambiarla. ¿Ves lo trágico de la situación? Cuando tienes un trabajo que odias, con el que no logras satisfacer tus necesidades económicas mínimas y no te trae absolutamente ninguna satisfacción, es fácil tomar la decisión de dejarlo y buscar uno mejor. No obstante, cuando tienes un trabajo que no te gusta, pero que cubre tus necesidades mínimas y te ofrece cierta comodidad aunque no la calidad de vida que verdaderamente deseas para ti y tu familia, es fácil conformarte con lo poco que tienes. Es fácil caer preso del dar gracias ya que por lo menos cuentas con algo... Después de todo, hay muchos que no tienen nada y quisieran contar con el trabajo que tú tienes. Esta idea es similar a aquella vaca y, a menos que te deshagas de ella, no podrás experimentar un mundo distinto al que has vivido. Estás condenado a ser víctima de por vida de estas limitaciones que tú mismo te has encargado de establecer. Es como si hubieses decidido vender tus ojos y conformarte con tu suerte. Todos tenemos vacas en nuestras vidas.

Llevamos a cuestas creencias, excusas y justificaciones que nos mantienen atados a una vida de mediocridad. Poseemos vacas que no nos dejan buscar mejores oportunidades. Cargamos con pretextos y disculpas para explicar porqué no estamos viviendo la vida que queremos.

Nos damos excusas que ni nosotros mismos creemos, que nos dan un falso sentido de seguridad cuando frente a nosotros se encuentra un mundo de oportunidades que sólo podremos apreciar si matamos a nuestras vacas. "Qué gran lección", pensó el joven discípulo e inmediatamente reflexionó acerca de sus propias vacas. Durante el resto del viaje recapacitó acerca de todas aquellas limitaciones que él mismo se había encargado de adquirir a lo largo de su vida. Prometió liberarse de todas las vacas que lo mantenían atado a una existencia de mediocridad y le impedían utilizar su verdadero potencial. Indudablemente, aquel día marcaba el comienzo de una nueva vida, ¡una vida libre de vacas!

¿Sabes qué comodidades te han impedido perseguir tus más profundos sueños? ¿Te atreverás a deshacerte de "tus vacas"?

A veces las pequeñas comodidades de nuestra vida nos hacen temer por ir a buscar nuestras verdaderas aspiraciones, valora lo que tienes, pero atrévete a dejarlo atrás por algo mejor.

No importa cuánta gente piense que estás loco o loca por dejar lo que ya tienes. ¡Sigue tus instintos!

¡Deja tu zona de confort!

El tamaño de las dificultades siempre será proporcional al tamaño de tus sueños.

Sé agradecido con tus medios y tus herramientas, éstas te

ayudarán a alcanzar tus sueños, pero no temas en dejarlas si es necesario aligerar la carga. Muchos barcos deben tirar mercancía en medio de la tormenta para poder llegar al puerto.

Si las cosas se ponen difíciles, recuérdate que esto se debe a que aspiras a cosas importantes.

Las cosas que valen la pena merecen un mayor esfuerzo. Y como siempre me digo a mí misma ante una situación difícil... "si fuera fácil... todo mundo lo haría".

| Quoting

La posibilidad de realizar un sueño es lo que hace que la vida sea interesante.

PAULO COELHO, *escritor brasileño*

En medio de tus fracasos, acaricia tus sueños.

No dejes que los sueños maten la realidad, ni que la realidad mate los sueños.

| Soundtrack

So I took a trip inside my mind
And it opened up these eyes which had been blind:
I saw wonders I can't define.

Never loose your sense of wonder, Yeti

De niña pasaba horas soñando frente al espejo ensayando mis diálogos, simulando estar frente a una cámara de televisión.

Hoy creo fielmente que todas esas horas que podrían parecer mero jugueteo terminaron siendo valiosos ensayos para lo que hago hoy.

La gente te dirá "no" muchas veces. No hagas juicios severos, entiende que ellos no ven la vida como tú.

También este libro que tienes en las manos fue un lejano sueño algún día. Y aun cuando ya es una realidad, hay gente que me dice que no funcionará, yo los veo y sigo adelante, porque mi pasión, mi instinto y mi corazón me obligan a ir tras de mi sueño.

Ésa es una mejor pregunta: ¿Y por qué no?

Colecciona los "no" que te digan en la vida, verás que un montón de ellos bien valen la pena por un "sí".

Equivócate. Aprende. Vuelve a soñar.

Por ello creo que es importante soñar: ¿cuántas veces, de niño, Lionel Messi se habrá imaginado metiendo goles ante la mirada del mundo, en los escenarios más importantes? Seguramente cada patada lejana de la infancia lo hace ser hoy la mejor versión de sus propios sueños.

Apenas entrando en la adolescencia, Messi fue diagnosticado con un trastorno en la hormona del crecimiento, y su familia, de recursos limitados no tenía para pagar el costoso tratamiento (casi mil dólares al mes); sin embargo su tenacidad, la confianza en sus sueños y la confianza que mostró su club (que también había proyectado sueños en él, por los talentos y el esfuerzo que mostraba) terminaron permitiendo que el Barcelona se encargara de sus gastos médicos. El resto de la historia la conocemos todos, al convertirse en el mejor jugador del mundo.

Ves cosas y dices,"¿por qué?" Pero yo sueño cosas que nunca fueron y digo, "¿por qué no?".

GEORGE BERNARD SHAW, *escritor irlandés*

Si te quedas en medio del camino hacia tu meta, que sea absolutamente satisfecho de haber dado todo lo que estaba en tus manos para alcanzarla.

Salí de mi pequeño pueblo en México con muchos sueños y temores. Los temores eran retos; los sueños, motivaciones.

No dejes que te venzan, pero no pelees demasiado con tus miedos, ellos son la medida de tus aspiraciones: si te da miedo fallar, es que realmente te importa. Si el miedo es muy grande, es que realmente estás consciente de lo que tus sueños implican. Sólo una vida sin amores ni aspiraciones estaría libre de miedos.

Deja que los demás te juzguen, y cuando aciertes no les reclames nada: en silencio, "lo sabía" será absolutamente para ti.

| QUOTING

Siempre sueña y apunta más alto de lo que sabes que puedes lograr.

WILLIAM FAULKNER, *escritor estadounidense*

Tener claros tus sueños e ir por ellos es la mejor forma de hacerte responsable: te harás cargo de tus errores, pero también tendrás derecho a atesorar para ti tus aciertos.

Recuerda lo que soñabas en tu infancia y sé honesto contigo: descubre si lo lograste o estás en camino, lo mismo que si cambiaste de opinión o simplemente te rendiste.

En el viaje a lograr tu objetivo te encontrarás con muchas situaciones que pondrán a prueba la pasión que sientes por tus sueños.

Creer que lo lograrás influye positivamente en lograrlo.

No tengas miedo al mañana: si persigues tus sueños, ellos harán que ames tu futuro.

Dicen que soñar no cuesta nada. Y yo creo que no soñar sí que puede ser costoso.

Más vale no ser tan blando como para negarse a ver la realidad del mundo, ni tan duro como para no guardar un espacio para nuestros más hermosos sueños.

La fortaleza de una persona es el equilibrio entre sus más hermosos sueños y sus más terribles fracasos.

No lleves en tu vida la mancha que implica matar los sueños de los demás.

| Quoting

Un hombre que no se alimenta de sus sueños envejece pronto.

WILLIAM SHAKESPEARE, *escritor británico*

Sueña. Escribe con lujo de detalles tus mayores aspiraciones. Planea tu camino para alcanzarlas. Disfruta ese camino. Aprende de tus errores.

Gandhi decía de sí mismo que era un soñador práctico: no quería que sus sueños fueran sólo bagatelas en el aire.

Lo que realmente le importaba es averiguar cómo hacer para que esos sueños se convirtieran en realidad.

Ahora que hemos descubierto la importancia de los sueños, debemos ser claros con esto: soñar es sólo el primer paso. Ahora debemos actuar.

La realidad sin sueños es aburrida, los sueños que no se vuelven realidad, estériles.

¡Hagamos de nuestros sueños nuestra vida y de nuestra vida, un sueño!

| QUOTING

Si has construido un castillo en el aire, no has perdido el tiempo, es allí donde debería estar. Ahora debes construir los cimientos debajo de él.

GEORGE BERNARD SHAW, *escritor irlandés*

Salí de mi pequeño pueblo en México con sueños y temores. Y puse manos a la obra. Tal vez lo mejor de los sueños es saber que pueden volverse realidad. Era casi una niña, pero tenía claros mis sueños y también tenía claro el esfuerzo que demandaría alcanzarlos.

Había trabajado (incluso sin goce de salario) con tal de prepararme para poder llegar justo a donde quería.

¿Qué si he llegado ya? NO, En algunos aspectos sí, pero ha sido sólo el principio, sigo soñando, sigo en mi camino.

Despierto cada día con ganas de actuar y seguir avanzando, porque la vida es de quien persigue sus sueños.

Despierta

CAMINOS *CON* CORA

MINOS CON CORAZ

CON CORAZÓN CAMINOS C

RAZÓN CAMINOS CON

CAMINOS CON CORAZÓN

CON CORAZÓN CAMINOS

ZÓN CAMINOS CON

CAMINOS CON CORAZÓN

CON CORAZÓN CAMINOS

RAZÓN CAMINOS CO

CORAZÓN CAMINOS

ZÓN CAMINOS *CON*

CORAZÓN RAZÓN C

CORAZÓN CAMINOS *CO*

RAZÓN CAMINOS CO

II

Es más o menos común leer o escuchar consejos de corte "optimista", si visitas una librería, encontrarás un montón de libros de "superación personal" que repiten hasta el cansancio la importancia de soñar y proyectar los sueños en tu vida. Yo también lo he hecho en el primer capítulo de este libro, pero de ninguna manera este es el fin de la historia: soñar es apenas el comienzo.

La diferencia de este libro con los demás, es que quiero recordarte que actuar también es importante, igual o más importante que soñar.

| Quoting

¡Actúa en vez de suplicar. Sacrifícate sin esperanza de gloria ni recompensa!

Si quieres conocer los milagros, hazlos tú antes.

Sólo así podrá cumplirse tu peculiar destino.

LUDWIG VAN BEETHOVEN, *músico alemán*

El mundo no funciona conforme a tus deseos: lo que afecta al mundo son las acciones. Si quieres cambiarlo ¡despierta y actúa!

No te voy a dar recetas mágicas: este libro no cambiará tu vida si tú no te decides a cambiarla.

El éxito en la vida de ninguna manera se reduce a soñar o a desear, dicen que "si pasa por tu mente, pasa por tu vida", pero eso no es cierto: muchas personas desean otro trabajo, otras circunstancias de vida, pero viven entre soñando y quejándose en vez de poner manos a la obra. Soñar es apenas una parte de la historia.

Los sueños sin acción son inútiles, las acciones sin sueños son ciegas.

Ya que tienes claros tus sueños sé claro con las acciones que éstos demandan para consolidarse.

Probablemente el hecho de que muchos sueños se antojen imposibles de conseguir obedece más a la falta de constancia y compromiso en el actuar que a ninguna otra cosa.

Recuerda: entre más ambiciosos sean tus sueños más esfuerzo requerirán de tu parte para volverse realidad.

| Quoting

Actuar en el momento adecuado es progresar.

JORGE GONZÁLEZ MOORE, *poeta colombiano*

¿Cuánto de lo que hiciste hoy te acerca a tu meta?

Márcate objetivos medibles y alcanzables a corto plazo para que puedas evaluar tu accionar de manera continua: es mucho más difícil juzgar nuestros aciertos a largo plazo, y es mucho más fácil seguir un camino si constantemente revisamos nuestra trayectoria.

Nunca me ha inquietado que me llamen "soñadora", pero jamás me permitiría que me acusaran de pereza.

No puedes reclamarte NADA cuando has hecho TODO lo que puedes hacer. Arrepiéntete sólo de tu indolencia.

Observa las historias de triunfo. Detrás de ellas siempre hay más trabajo que suerte.

Si cuento mis sueños o critico lo que pasa en el mundo a veces me preguntan ¿y tú qué estás haciendo por cambiarlo?

Siempre contesto: todos los días me levanto temprano, voy con ánimos a mi trabajo, rindo todo lo que puedo, y a veces más de lo que se espera de mí.

No creo que ningún ser humano pueda tener una tarea más elevada y concreta. El mundo sería mejor si todos actuáramos día con día, aunque sea en niveles aparentemente pequeños. Un mundo donde todos cumplen es un mundo mejor.

| Quoting

Vale más actuar exponiéndose a arrepentirse de ello, que arrepentirse de no haber hecho nada.

GIOVANNI BOCCACCIO, *escritor italiano*

Recuerda: cuando te has equivocado al actuar tienes una nueva forma de no hacer las cosas.

Nunca te culpes de tus fracasos a menos que se deban a que no hiciste nada por evitarlos. Lo que no está en tus manos nunca puede ser tu culpa.

De la misma manera, sé cuidadoso con envanecerte por aquellas cosas que llegaron sin que las buscaras.

No todo lo que sucede en nuestra vida está en nuestras manos: algunos le llaman "Dios", otros "suerte" o "destino". Aprende a diferenciar lo que te toca a ti y lo que no. Y evalúate en esa conciencia.

| Quoting

Para progresar no basta actuar, hay que saber en qué sentido actuar.

GUSTAVO LE BON, *sociólogo francés*

Es sensato dejar buscar cosas que no están a tu alcance.

Piensa por ejemplo en esta meta: "quiero ser el mejor futbolista del mundo". ¿Está esa meta al alcance de tus actos? Probablemente no: ser el mejor futbolista del mundo depende de factores como: haber nacido con ciertas capacidades físicas únicas, años de esfuerzo, de entrenamiento, de suerte, que no pasen cosas en tu vida (una enfermedad propia o de un ser querido, por ejemplo), que te distraigan de tu meta. "Ser el mejor futbolista del mundo" no es algo que tú puedas decidir, aun si es un sueño legítimo. Cuando digo "despierta" no me refiero a eso, sino a actuar de manera sensata y no buscar metas que puedan traerte sólo constantes frustraciones.

Imagínate: si en un año o dos, o diez, no eres el mejor futbolista del mundo ¿habrías fracasado?

Muchos viven arrepentidos de fracasos que ni siquiera dependían de sí mismos. Yo a eso le llamo simplemente "experiencias".

Yo te propongo lo siguiente: no ignores tus sueños, pero mide tus logros en dimensiones realistas y alcanzables, por ejemplo: para ser el mejor futbolista del mundo, antes necesitas ser el mejor futbolista de tu país, para ser el mejor futbolista de tu país, antes necesitas ser futbolista profesional, para ser futbolista profesional, antes necesitas trabajar realmente duro.

Entonces transforma tu meta: no "ser el mejor futbolista del mundo" sino "trabajar duro". Concéntrate en ello. Si aún no puedes ser el mejor futbolista del mundo, nunca te sentirás frustrado ni sentirás el fracaso: sabrás que estás trabajando realmente duro y que ése es el camino correcto para llegar a donde aspiras. Probablemente lo demás no esté en tus manos alcanzarlo.

Actúa conforme a los medios para el fin, no conforme al fin mismo.

☾✳ | BEDTIME STORIES

TEMPORADA DE MANZANAS.

Un hombre le preguntó a su maestro el secreto para el éxito y la felicidad, éste le respondió con una historia: "Hay algunos hombres que desean una manzana y visitan un huerto fuera de temporada. A estos hombres les han dicho que todo lo que se propongan podrán conseguirlo, así que aun cuando los árboles no tienen fruto se empecinan en obtener lo que quieren. Rezan, suplican, se quejan, pero si no es temporada de manzanas, se irán con las manos vacías. Estos son hombres necios. Podrán parecer optimistas o entusiastas, pero siguen siendo necios.

Existen otros que cruzan un huerto y, sin buscarlo, una manzana cae a sus pies, pues el árbol está en el mejor momento de la temporada. A veces puede incluso coincidir en que tenían algún antojo de manzana y se van ufanos y alegres del huerto con un fruto rojo y brillante en sus manos. Estos son hombres afortunados.

Existe también otro tipo de hombres que han aprendido que no es conveniente desear algo que no depende de ellos, y que no siempre pueden confiar en su suerte. Estos son hombres sensatos: han llegado a un nivel de madurez que les permite entender que uno sólo debe desear manzanas en temporada de manzanas".

El hombre miró a su viejo maestro. Entendió que en la vida es importante aprender a desear cosas que sabemos que realmente están a nuestro alcance.

No confundas desear lo alcanzable con dejar de desear. Tampoco las aspiraciones altas con la necedad de buscar lo imposible.

Cuando fracases, recuerda que no eres tan malo como la realidad dice.

Cuando triunfes, recuerda que aún puedes ser mejor.

No eres tan bueno como dicen tus más fervientes seguidores, ni tan malo como se empeñan en decir tus más severos críticos.

No eres el primero ni el último que fracasa.

Probablemente he aprendido más de mis errores y caídas que de mis triunfos. Cada vez que fallo aprendo una nueva manera de cómo no hacer las cosas.

Si has triunfado recuerda que tampoco eres el primero ni el último que lo hace.

El pasado siempre me ha servido sólo como aprendizaje. El futuro es mi motor.

Sé ambicioso, si no llegas hasta donde habías apuntado, al menos estarás mucho más cerca.

Saber que todavía no llegas siempre debe ser una motivación.

| QUOTING

Actuar sin pensar es como disparar sin apuntar.

B.C. FORBES, *periodista financiero escocés*

Me equivoco: aprendo, sigo caminando.

De niña me miraba constantemente al espejo. Soñaba. Desperté para actuar. Hoy sigo dándome tiempo ante el espejo. Me conozco, me evalúo.

A lo largo de los años me he convertido en mi propia admiradora, pero por supuesto, también en mi crítica más justa.

Llama constantemente a la gente que amas. Pregúntales cómo va su vida. Ellos también están en su camino.

| Quoting

El hombre piensa no sólo por el bien de pensar, sino también para actuar.

Ludwing von Mises, *economista austriaco*

¿Esperabas otra cosa? ¿Y cómo ibas a saber los caminos del destino? Reconcíliate con tu realidad, recuérdate otra vez que no todo está bajo tu control.

No tengas miedo de tener miedo.

¿Has oído de esa lista sobre las cosas que siempre soñaste hacer?

Hagamos algo que nadie dice en sus libros: *pongámosle precio*.

¡Haz un presupuesto de tus sueños!

Para que tus sueños se hagan realidad debes también ser práctico.

Veamos: ¿cuánto cuesta ese viaje que siempre has querido? ¿Cuánto cuesta ese curso de una lengua extranjera? Elabora un presupuesto, anótalo junto a tus sueños y actualízalo. Haz cuentas reales de tus ingresos y proponte alcanzar tus sueños uno a uno y según tus posibilidades económicas.

| QUOTING

El hombre que vive pensando qué hacer con su vida muere sin saberlo, por eso ¡actúa hoy mismo!

Anónimo

Deja de postergar tus sueños. No busques pretextos para no actuar.

Deja de sabotearte. Desempolva ese viejo proyecto, comienza a seguir ese curso. Atrévete a iniciarlo. No dejes que la vida se te vaya en planear cómo hacer realidad tus sueños.

¡Hazlos realidad ahora mismo! ¡Comienza ya!

Cada minuto sin hacer lo que quieres es un minuto menos de ser lo que quieres.

¿Y qué tal eso de "vivir la vida como si fuera el último día"? puede que funcione.

A veces pienso qué haría la gente si viviera así.

Probablemente arrepentirse. Hacer cosas sin medir consecuencias. Desesperarse. Arrojarse a la acción insensata.

¿Y qué tal tratar de vivir como si fuera el primer día?

Atrévete a iniciar de nuevo: no eres tu pasado y tu futuro está adelante, esperando que lo construyas. Invéntate. Eres libre. Recuerda cada día que es una nueva oportunidad para comenzar. Recuerda cada día que puedes iniciar con tu vida tal como la quieres. Recuerda cada día que el tiempo está todavía a tu favor. Sobreviviste. Estás vivo.

¡*Despierta*!

Pregunta

CAMINOS *CON* CORA

MINOS CON CORAZ

CON CORAZÓN CAMINOS CO

RAZÓN CAMINOS CON

CAMINOS CON CORAZÓN

CON CORAZÓN CAMINOS

ZÓN CAMINOS CON

CAMINOS CON CORAZÓN C

CON CORAZÓN CAMINOS

RAZÓN CAMINOS CO

CORAZÓN CAMINOS

ZÓN CAMINOS *CON*

CORAZÓN *RAZÓN* CA

CORAZÓN CAMINOS CO

RAZÓN CAMINOS CO

III

"Nadie nace sabiendo" suelen decir los abuelos. La ignorancia no debe ser motivo de vergüenza, lo vergonzoso radica sólo en no querer erradicarla.

Cuando era niña alzaba la mano constantemente en mis clases.

Seguramente a algunos de mis compañeros les parecía "divertido" o fastidioso. Pero tengo la satisfacción de nunca haber salido de esa aula con alguna duda.

| Quoting

El que pregunta es un tonto por cinco minutos, el que no pregunta permanece tonto para siempre.

Proverbio chino

Un profesor me enseñó que no hay preguntas tontas: ¿cómo puede ser tonta cualquier cosa que nos ayude a saber más?

Hacer preguntas no solamente es una estrategia de aprendizaje: revela nuestras ansias de aprender, hace saber a los demás que son importantes para nosotros y también implica una declaración de humildad: que siempre necesitamos de los otros, que reconocemos ante lo demás nuestras limitaciones y que declaramos nuestro deseo de recibir algo de lo que ellos saben.

Aprende a no tenerle miedo a estas palabras: "no sé".

Piensa en cuántos problemas te has metido por no aceptar que no sabes algo o en cuántos problemas te han metido cuando, en vez de aceptar su ignorancia, se sientan frente a tu computadora, le meten mano a tu auto o desarman algún electrodoméstico. No hay mayor cortesía al intentar ayudar a alguien que reconocer la ignorancia.

| Quoting

A quien teme preguntar le avergüenza aprender.

Proverbio danés

A lo largo de mi vida he "dejado" ir algunas oportunidades importantes pero no me arrepiento. Entrecomillo "dejado" porque la razón siempre ha sido aceptar mis limitantes: cuando sé que no podré cumplir al cien por ciento, ya sea porque mis tiempos no me lo permiten o porque —no me avergüenzo de ello— desconozco la materia, prefiero hacerme a un lado, ser honesta conmigo misma.

Eso no quiere decir que nos neguemos a aprender, pero ante una oferta de trabajo lo más importante es siempre la honestidad.

Es de sabios preguntar y de tontos callar.

Anónimo

Cuando llenes una solicitud para un empleo siempre sé honesto al respecto de tus conocimientos lo mismo que sobre tus carencias.

En la entrevista insiste en que estás dispuesto —incluso tal vez sin remuneración— a pasar unos días aprendiendo, pero nunca tengas la "osadía" de decir que sabes algo que ignoras, pues las consecuencias podrían no ser menores.

Reconocer que no sé sobre muchas cosas es sin duda el impulso más grande que he tenido en mi vida para preguntar. Es decir, para aprender. Es decir, para crecer.

Si te acostumbras a preguntar también podrás conocer a la gente por su disposición para responder, para comentar, para compartir y enseñar. Preguntar es una forma de conocer algo muy profundo en el otro: su deseo de compartirnos una de las cosas más valiosas que alguien puede tener: sus conocimientos.

Nunca me he avergonzado de decir no sé;
por el contrario: me enorgullece preguntar,

pues es una contundente forma de decir:

"quiero saber".

Si tienes hijos, enséñales a preguntar. Empújalos a no guardar dudas, es una gran herencia la costumbre del deseo por aprender.

Y es que no hay mejor regalo de los padres para los hijos que responder a sus preguntas de manera honesta. Esto no implica ser gráficos con cosas que aún no les corresponde saber, pero *siempre hay una manera de responder sin mentir* acorde a la información pertinente que ellos deben manejar: acepta ese reto.

No te calles. Pregunta.

Y aquí hay otra cosa que jamás debe avergonzarte preguntar: ¿por qué?

Tienes derecho a preguntar ¿por qué?, lo mismo que la obligación de responderlo. Es una costumbre sensata preguntar "por qué" ante un mandato o una decisión, lo mismo que responder ante esa duda.

No hay nada más racional que aprender a explicar por qué queremos algo.

Yo me pregunto todo el tiempo el "por qué" de las cosas. Pero va una confesión: también preguntarme ¿para qué? es importante.

No hay mejor forma de definir nuestros objetivos de
vida que interrogándonos a nosotros mismos.

Pregúntate si lo que eres hoy es lo que quieres como recuerdo de
ti mismo mañana.

Esto nos enseñó Sócrates: aceptar lo que no sabemos es ya saber algo. "Yo sólo sé que nada sé" es un paso a la humildad y al deseo
de conocer. Aceptar lo que no sabemos nos acerca más a
la sabiduría.

Y no hay nada más pedante que asumir que lo sabemos todo.

No te conformes con mis ideas. Cuestiónate y pregunta. Yo misma lo hago siempre.

Es común escuchar lo maravilloso que es nunca dejar
de ser, en muchos sentidos, como los niños.
Aprendamos esto: retomemos esa permanente
hambre de aprender y esa dicha de regodearnos en
el maravilloso asombro de aprender algo nuevo.

Una pregunta da la pauta para el desarrollo de un planteamiento importante, expresar una duda casi siempre desencadena en alguna otra, y tal vez sin saberlo alguien más te estará agradeciendo haberla expuesto.

Quien pregunta se actualiza y se mantiene al día, a veces el sentido común no es el más indicado para responder. ¡Investiga!

Un ejemplo de la importancia de investigar es que muchas respuestas que pueden ser cruciales para nuestra vida (aunque suena trágico: incluso cuestión de vida o muerte) son absolutamente contraintuitivas: por ejemplo, qué hacer en caso de un incendio o un accidente. Preguntar a quien sabe siempre es el mejor camino para conocer algo.

Es preferible decidir, mostrarnos susceptibles en ocasiones y preguntar algo que nos podría dar fortaleza en otras circunstancias.

La respuesta puede ser difícil o fácil, correcta o errónea pero la inquietud siempre será angustiante.

Más que temerle a la ignorancia deberíamos temer
el creer saberlo todo, la única duda permanente debería
ser cómo preguntar para lograr ser comprendido.

Cuando creas que eres la única persona en el mundo con esas dudas usa google, te darás cuenta que este mundo está habitado por personas que se preguntan lo mismo que tú.

| QUOTING

El arte y la ciencia de hacer preguntas es la fuente de todo conocimiento.

THOMAS BERGER, *escritor norteamericano*

¡Y pensar que algunos han ganado miles, cientos de miles de dólares en Jeopardy por preguntarse cosas que tú y yo no nos hemos preguntado jamás!

| LIBROS QUE HAY QUE LEER

"PREGUNTAS ESTÚPIDAS"

[...] Excepto para los niños (que no saben lo suficiente como para dejar de hacer las preguntas importantes), pocos de nosotros dedicamos mucho tiempo a preguntarnos por qué la naturaleza es como es; de dónde viene el cosmos, o si siempre ha estado allí; si un día el tiempo irá hacia atrás y los efectos precederán a las causas; o si hay límites definitivos a lo que deben saber los humanos. Incluso hay niños, y he conocido algunos, que quieren saber cómo es un agujero negro, cuál es el pedazo más pequeño de materia, por qué recordamos el pasado y no el futuro, y por qué existe un universo.

De vez en cuando tengo la suerte de enseñar en una escuela infantil o elemental. Encuentro muchos niños que son científicos natos, aunque con el asombro muy acusado y el escepticismo muy suave. Son curiosos, tienen vigor intelectual.

Se les ocurren preguntas provocadoras y perspicaces. Muestran un entusiasmo enorme. Me hacen preguntas sobre detalles. No han oído hablar nunca de la idea de una "pregunta estúpida".

Pero cuando hablo con estudiantes de instituto encuentro algo diferente. Memorizan "hechos" pero, en general, han perdido el placer del descubrimiento, de la vida que se oculta tras los hechos. Han perdido gran parte del asombro y adquirido muy poco escepticismo. Les preocupa hacer "preguntas estúpidas"; están dispuestos a aceptar respuestas inadecuadas; no plantean cuestiones de detalle; el aula se llena de miradas de reojo para valorar, segundo a segundo, la aprobación de sus compañeros.

Vienen a clase con las preguntas escritas en un trozo de papel, que examinan subrepticiamente en espera de su turno y sin tener en cuenta la discusión que puedan haber planteado sus compañeros en aquel momento.

Ha ocurrido algo entre el primer curso y los cursos superiores, y no es sólo la adolescencia. Yo diría que es en parte la presión de los compañeros contra el que destaca (excepto en deportes); en parte que la sociedad predica la gratificación a corto plazo; en parte la impresión de que la ciencia o las matemáticas no le ayudan a uno a comprarse un coche deportivo; en parte que se espera poco de los estudiantes, y en parte que hay pocas recompensas o modelos para una discusión inteligente sobre ciencia y tecnología… o incluso para aprender porque sí. Los pocos que todavía muestran interés reciben el insulto de "bichos raros", "repelentes" o "empollones".

Pero hay algo más: he visto a muchos adultos que se enfadan cuando un niño les plantea preguntas científicas. ¿Por qué la luna es redonda?, preguntan los niños. ¿Por qué la hierba es verde? ¿Qué es un sueño? ¿Hasta qué profundidad se puede cavar un agujero? ¿Cuándo es el cumpleaños del mundo? ¿Por qué tenemos dedos en los pies? Demasiados padres y maestros contestan con irritación o ridiculización, o pasan rápidamente a otra cosa: "¿Cómo querías que fuera la luna, cuadrada?" Los niños reconocen en seguida que, por alguna razón, este tipo de preguntas enoja a los adultos. Unas cuantas experiencias más como ésta, y otro niño perdido para la ciencia. No entiendo por qué los adultos simulan saberlo todo ante un niño de seis años. ¿Qué tiene de malo admitir que no sabemos algo? ¿Es tan frágil nuestro orgullo?

Lo que es más, muchas de estas preguntas afectan a aspectos profundos de la ciencia, algunos todavía no resueltos del todo. Porqué la luna es redonda tiene que ver con el hecho de que la gravedad es una fuerza que tira hacia el centro de cualquier mundo y con lo resistentes que son las rocas. La hierba es verde a causa del pigmento de clorofila, desde luego a todos nos han metido esto en la cabeza, pero ¿por qué tienen clorofila las plantas? Parece una tontería, pues el sol produce su máxima energía en la parte amarilla y verde del espectro. ¿Por qué las plantas de todo el mundo rechazan la luz del sol en sus longitudes de onda más abundantes? Quizá sea la plasmación de un accidente de la antigua historia de la vida en la Tierra. Pero hay algo que todavía no entendemos sobre por qué la hierba es verde.

Hay mejores respuestas que decirle al niño, que hacer preguntas profundas en una especie de pifia social. Si tenemos una idea de la respuesta, podemos intentar explicarla. Aunque el intento sea incompleto, sirve como reafirmación e infunde ánimo. Si no tenemos ni idea de la respuesta, podemos ir a la enciclopedia. Si no tenemos enciclopedia, podemos llevar al niño a la biblioteca. O podríamos decir: "No sé la respuesta. Quizá no la sepa nadie.
Tal vez, cuando seas mayor, lo descubrirás tú".

Tomado de *El mundo y sus demonios,* de Carl Sagan

Algún ex jefe me dijo que su trabajo no era dudar de la capacidad de las personas para realizar ciertas actividades, pero sí dudar de su capacidad para aceptar tener dudas y hacer preguntas.

Me dijo: "Que alguien no acepte lo que ignora; eso es lo que hace que pueda perder millones".

Pregúntate qué sabes. Pregúntate qué no sabes.
Pregúntate qué quieres saber. Pregunta. No temas.

Pero sobre todo pregúntate quién eres. Y lo más importante: pregúntate quién quieres ser. Anímate a ser lo que tú quieres. Y no temas a fallar.

Atrévete

CAMINOS *CON* CORA

MINOS CON CORAZ

CON CORAZÓN CAMINOS **CO**

RAZÓN CAMINOS CON

CAMINOS CON **CORAZÓN**

CON CORAZÓN CAMINOS

ZÓN CAMINOS CON

CAMINOS CON CORAZÓN

CON **CORAZÓN** CAMINOS

RAZÓN CAMINOS CO

CORAZÓN CAMINOS

ZÓN CAMINOS *CON*

CORAZÓN *RAZÓN* **CA**

CORAZÓN CAMINOS *CO*

RAZÓN CAMINOS CO

IV

Una de las cosas que aprendí temprano —apenas entrada mi adolescencia— es que no debía temer a intentar las cosas.

Seguramente me equivocaría un par de veces, pero sabía que los intentos eran el camino seguro para aprender.

Uno no puede ir por la vida temiendo al error, el error es sencillamente inevitable.

¿Recuerdas ese momento en que otros se atrevieron a saltar a la pista de baile y tú por temor al ridículo no lo hiciste, cuando acudiste a ese balneario y fuiste el que no se atrevió a arrojarse del trampolín, cuando todos contaban anécdotas graciosas y tú te sentiste cohibido, cuando en una clase o conferencia pensaste que lo que tenías que decir era importante pero te sentiste intimidado por el público? Todas esas veces cargaste con una sensación poco agradable después de no atreverte. No cargues eso en tu vida. ¡Atrévete!

Y no te propongo que hagas barbaridades, pero uno siempre, en su fuero interno, reconoce cuando ha dejado de hacer algo por sensatez o cuando simplemente se apoderó de nosotros una cobardía sin razón.

Te daré un ejemplo: a la edad de 12 años tenía una gran inquietud por saber cómo se hacían los programas de radio, cómo grababan los comerciales y cómo se operaba una cabina.

Así que decidí llamar a una estación de radio local en Caborca, Sonora, México, la ciudad más cercana a mi pueblo, y pedir una cita con el gerente. Para mi fortuna e insistencia no fui ignorada y el gerente (quien después se convirtió en un pilar muy importante de mi carrera) me dio una cita.

Llegué ahí un martes despues del medio día, le pedí a mi mamá que me llevara, ella no sabia a lo que iba.

Al llegar me pasaron a la oficina de José de Jesús Palacios Ortiz, un tipo que tenía una mirada muy intimidante y un semblante duro, pero aun así, con el miedo de no saber qué iba a pensar cuando le dijera a qué se debía mi visita, yo ¡ME ATREVÍ!

Me senté frente a él en su oficina y desde mi corazón hablé, le dije que mi sueño era aprender a hablar como un locutor de radio, a operar la cabina, grabar comerciales y poner música.

Creo que hubo muchas otras cosas que le dije, estaba tan nerviosa que lo único que recuerdo de ese momento es su mirada penetrante, escuchando atento a lo que esta puberta de 12 años tenía para decir.

Recuerdo ese momento como si fuese ayer, al final de mi discurso triunfal de atrevimiento, poco común para mi edad, el experimentado comunicador pronunció las palabras mágicas. "¿Cuándo quieres empezar?"

Desde ahí mi vida empezó a cambiar ¿¿¿y sabes por qué...???

¡Porque me atreví!

No pedí trabajo, no quería un salario, yo sólo buscaba adquirir experiencia, aprender, preguntar, tener la oportunidad de empezar a conocer ese mundo que creía que me gustaba.

Meses después supe que había nacido para trabajar en los medios.

Y esa certeza de lo que quería hacer en mi vida, la pude tener a los 12 años, y es por eso, que ahora he tenido la oportunidad de lograr muchos más sueños a temprana edad, porque busqué, me relacioné, aprendí, pero sobre todo, porque lo intenté.

Y no vivía en una gran metrópolis, vivía en Pitiquito, Sonora, al norte de México, un pueblo con poco más de cinco mil habitantes y sin las comodidades, desarrollos y oportunidades que ofrecen las ciudades grandes, pero esa no fue una limitante, porque dentro de mí había algo que me decía, que donde quiera que me encontrara, por más escasos que fueran los recursos, lo que pudiera experimentar me ayudaría después.

Si crees que tienes la capacidad de hacerlo, inténtalo.

Muchas veces es conveniente hacer las cosas sin que los demás lo sepan. ¿Crees tener una buena propuesta para tu jefe? No lo pregones: ¡hazla!.

Entrégate en secreto a esa propuesta, atrévete a hacer ese diseño, pon música y practica un baile en tu cuarto, escribe esa idea que tienes, haz un cuento, manda ese poema de amor a quien debe tenerlo.

Incluso si necesitas hacerlo en el anonimato, es mejor que lo intentes antes que la vida te alcance sin haber hecho lo que deseabas por el miedo al fracaso.

¡Cuántas ideas geniales se habría perdido la humanidad si sus autores se sintieran atemorizados por el "qué dirán".

¿Y qué, si te equivocas? ¡Lo intentaste!

Intentarlo equivale a dos posibilidades: poder hacerlo / no poder hacerlo. No intentarlo nos limita siempre al fracaso.

¿Quién puede alcanzar la maestría en algo de una sola vez?

La virtud tiene sin duda una parte innata: nacemos con ciertos talentos y debemos aprovecharlos, pero gran parte del talento se confirma siempre hasta que hemos intentado una y otra vez lo que queremos. Detrás de todo virtuosismo hay un arrojo, un combate ante el miedo a fallar.

| QUOTING

Hay derrotas que tienen más dignidad que una victoria.

JORGE LUIS BORGES, *escritor argentino*

Probablemente haya más mérito en quien falla trabajando que en quien acierta por mera casualidad.

Haz las cosas convencido de que saldrán bien: actúa con la convicción del campeón. En medio de tu intento habrás puesto el alma. En medio de tu aprendizaje, habrás dado todo. En medio de tu miedo, habrá perseverado la confianza en ti mismo. En medio de tu camino, tendrás la pasión de quien llega a su meta. En medio del error, habrás aprendido.

En medio de la vida, habrás cosechado la plenitud.

Me dijeron "no podrás".

Me dijeron "estás loca".

Me dijeron "lo haces mal".

Me dijeron "esto no es para ti".

Me dijeron "haz algo más normal".

Me dijeron, sin decirlo, "nosotros no nos atrevemos".

Pero yo me atreví.

La vida de un hombre siempre es más interesante si ha fracasado: eso indica que trató de superarse.

GEORGE CLEMENCEAU, *médico francés*

Los griegos decían: Carpe Diem: "aprovecha tu día".

Debería ser una meta de todos no dejar que un solo día de nuestra vida termine con la pregunta que reclama, en medio de nuestra habitación, con un malestar en el estómago: ¿por qué no me atreví?

Hay una frase publicitaria que me gustó mucho: "el NO ya lo tienes", y es verdad, si de entrada no tenemos ya lo que buscamos, ¿por qué no ir por él?, en realidad ciertas ocasiones dejamos de hacer cosas cuando, pensándolo dos veces, no teníamos nada que perder.

No intentarlo es, sin lugar a dudas, la única manera segura de no lograrlo.

Las cosas no siempre van a salir como esperas, pero es mejor intentarlo. Tus intentos traerán cosas buenas y cosas malas.

Pero sabrás que lo intentaste.

Yo le decía a mi papá, "voy a trabajar en la televisión" y mi papá me repetía mil veces dos famosas frases: "te vas a morir de hambre" y "vas a ser una de las del montón", infundiéndome un terrible miedo al fracaso, y evitarlo consistía en no intentar siquiera lograr la meta; no atreverme a ser lo que yo quería ser.

Después descubrí que ir en contra de lo que la mayoría de la gente siempre ha creído no tiene porqué tener consecuencias indeseadas: un día me levanté, busqué la oportunidad, y la encontré.

Hoy soy presentadora de noticias en televisión, no sólo vivo de ello, vivo para ello. Decidí que mientras tuviera la capacidad de comunicar, mi mayor miedo debía ser no intentarlo.

| QUOTING

No hay error, ni ajeno ni propio al que,
recuperando el aplomo, no se le pueda sacar partido.

JOSÉ GAOS, *filósofo español*

Fallar a la primera sólo nos abre los ojos para no cometer los mismos errores.

Pienso en la vida con la siguiente metáfora:

Cualquier meta implica un esfuerzo y cualquier logro una recompensa, por tanto, es algo así como ir rodando una pesada piedra cuesta arriba, para llegar al momento en que la pendiente inclina a nuestro favor y las cosas caminan solas. Puesto así, el peso no debería preocuparnos, es un recordatorio de que vamos subiendo, acercándonos a la meta, y que eventualmente, todo irá a favor nuestro.

Si no te equivocas de vez en cuando,
quiere decir que no estás aprovechando
todas tus oportunidades.

WOODY ALLEN, *cineasta estadounidense*

No temas a que los demás piensen que haces cosas que ellos nunca harían, es señal de que estás forjándote un carácter: diferenciándote de todos ellos. Es señal de que estás siendo auténtico.

Es señal de que no eres nadie más que tú mismo.

Lleva un diario: es una sana costumbre confesarte a ti mismo lo que piensas, es terapéutico vaciar tus miedos y frustraciones. Si sigues trabajando, con el paso de los años descubrirás que los momentos duros tuvieron su razón de ser, que fue dura la siembra, pero el tiempo de cosecha es maravilloso.

Muchas veces los fracasos son el trampolín de los éxitos.

MARÍA CONSUELO DÍAZ, *guitarrista española*

En la medida de tus posibilidades, alienta a las personas que luchan por lo que quieren. Interésate en la vida de los demás: pregúntale sus sueños a un taxista, a una camarera, a alguien que te encuentras en el transporte público. Se sentirán extrañados por tu proximidad, pero si descubren un interés auténtico, se abrirán. Aliéntalos. Si alguien lo hizo por ti alguna vez, te darás cuenta que esos pequeños milagros se atesoran toda la vida y que incluso, pueden ser decisivos en un momento difícil para que alguien que lucha no se rinda en la batalla.

Recuérdale a la gente que es posible.

Tiéndeles la mano y diles: "creo en ti".

No temas por perderte en el camino: comienza a recorrerlo.

| Quoting

En todo fracaso hay una oportunidad nueva.

J. Rockefeller, *empresario estadounidense*

Desconfía de ti mismo cada vez que salga de tu boca o asalte a tu pensamiento la frase "no puedo".

Es irónico hacer un juicio de lo que no has intentado. Y es soberbio pensar que has intentado todas las maneras posibles. "Tal vez un día pueda, y estoy cada vez más cerca", ese es un pensamiento mucho más positivo.

Las personas más importantes para la humanidad también fueron tentadas a pensar que no podrían.

A veces ser malos en algo es una maravilla: me pesa confesar, y al mismo tiempo agradezco, no ser un genio en las matemáticas, porque eso me alejó de cientos de trabajos que no quería tener.

Descubre tus talentos, todos tenemos uno.

Mejor aún: ese talento que todos tenemos es útil para alguien. Lo mismo que el talento que pueda tener cualquier ser humano podría ayudarnos de mucho.

No subestimes los talentos de nadie, ni tus propios talentos: en situaciones concretas podrían ser de un valor insospechado. Piensa en el siguiente dilema: ¿qué preferiría alguien, un lingote de oro o una botella con agua? La respuesta parece evidente. Hasta que dibujamos además del dilema las circunstancias: perdidos en medio del desierto el oro no nos sirve para nada. Las cosas son valiosas por sus circunstancias. Así que tus talentos pueden valer más que los que comúnmente son deseados. Sólo tienes que ponerte en las circunstancias correctas.

| QUOTING

Aquellos que ven en cada desilusión un estímulo para mayores conquistas, ésos poseen el recto punto de vista para con la vida.

J.W. GOETHE, *poeta y dramaturgo alemán*

Haz una lista de las cosas que sabes hacer. Practica de cuando en cuando esos talentos, uno nunca sabe por qué dirección vendrán las oportunidades.

Cuando pases por un momento difícil, como el desempleo, tendrás la oportunidad de reinventarte: de poner en práctica un nuevo oficio o incluso crearlo.

Admira a la gente que se propone empresas complicadas.

Los soñadores que quieren cambiar el mundo. Nadie terminará con una corporación por no beber cierta marca de refresco o no usar cierto tipo de ropa. Pero esa convicción es admirable en sí misma. Si hubiera mucha más gente así cambiaríamos el mundo.

| QUOTING

Alza los ojos para admirar a quienes han emprendido cosas grandes aunque hayan fracasado.

SÉNECA, *filósofo latino*

Cada vez que fracases piensa que ese tropezón es temporal y parte natural del camino.

Yo me he equivocado innumerables veces, pero siempre me recuerdo que estoy más cerca de alcanzar mi objetivo, que aprendí una nueva manera de no hacer las cosas, que estoy definiéndome a mí misma, que estoy más cerca de ser yo.

Atento a los obstáculos, pero no olvides que lo más importante está al final del camino.

¿Y sabes cuál es el final del camino? ¡Ponte metas!

Metas

CAMINOS *CON* CORA

MINOS CON CORAZ

CON CORAZÓN CAMINOS C

RAZÓN CAMINOS

CAMINOS CON CORAZÓN

CON CORAZÓN CAMINOS

ZÓN CAMINOS CON

CAMINOS CON CORAZÓN

CON CORAZÓN CAMINOS

RAZÓN CAMINOS CO

CORAZÓN CAMINOS

ZÓN CAMINOS *CON*

CORAZÓN *RAZÓN* CA

CORAZÓN CAMINOS CO

RAZÓN CAMINOS CO

V

VIENDO LA META, NO LOS OBSTÁCULOS

Me apasiona cumplir objetivos.

Tener nuevos proyectos, pero sobre todo llevarlos a cabo.

A lo largo de mi carrera profesional he podido ver y conocer todo tipo de personas, y siempre me ha llamado la atención, la gente que lucha por lo que quiere.

Así, he podido conocer y aprender de mucha gente triunfadora, y al decir triunfadora, me refiero a las personas que tienen la creatividad para idear un proyecto, la capacidad para planearlo, pero sobre todo, la constancia y la mentalidad para hacerlo realidad.

Y muy importante, el entusiasmo para superar todas las barreras que se presentan en el camino a cumplir sus metas.

| QUOTING

El genio se compone de 2 por ciento de talento y del 98 por ciento de perseverancia y aplicación.

LUDWING VAN BEETHOVEN, *músico universal*

Toda esta gente tiene una característica en común. Todos trabajan incansablemente para cumplir sus metas y para alcanzar sus sueños.

Creen que lo que uno se propone se puede lograr, con base al esfuerzo y determinación, y así, una bella idea que surge en la mente, se realiza.

Al planear cumplir una meta debemos tener algo muy en cuenta, una meta no es lo mismo que un sueño.

Para cumplir un sueño, tienes que fijarte diferentes metas, y éstas te llevarán a donde quieres.

Y para cumplir tus metas, tienes que poder medirlas, y saber cómo lo vas a cumplir, por ejemplo:

Si tu meta es perder 20 libras, tienes que decir:

"En cuatro meses perderé 20 libras, cinco libras por mes, y lo haré siguiendo la dieta que me puso la nutrióloga".

Con una meta medible y un plan de acción, tus sueños se acercan.

Me gusta compartir algunos de los modelos y enseñanzas de esta gente que hace realidad sus sueños.

Pienso que la primera lección es hasta cierto punto un poco egoísta.

Pensar en uno mismo. Pensar en lo orgulloso que estarás de ti mismo si cumples tus metas.

Me viene a la mente los grandes deportistas, los grandes artistas; son ellos mismos sus mayores admiradores.

Si somos nuestro mayor motivador y despertamos nuestra pasión, vamos a poder conseguir una energía extraordinaria, que se vuelva el motor para lograr lo que queremos.

Imagina la fuerza tan poderosa que es estar tan apasionado por algo, que estás dispuesto a hacer cualquier cosa para conseguirlo.

Esa es la fuerza que hace que a pesar de que existan barreras, nada puede detenerte. Y que convierte a los obstáculos que hay entre tú y tu meta, en retos a los que estás dispuesto a enfrentar y superar.

En cuanto se desarrolla ese ardiente deseo de alcanzar, de lograr, la mentalidad cambia y los sueños se hacen posibles.

Las excusas y la resistencia se evaporan. Lo que antes parecían océanos insondables, ahora se vuelven sólo un paso más hacia nuestro objetivo.

Una mentalidad adecuada es el primer paso para lograr lo que nos proponemos.

Y es nuestra fortaleza más grande contra los pretextos. Que son muchísimos, como asustarnos por todo el trabajo que implica echar a andar un proyecto.

O sentirnos abrumados por todo lo que hay que hacer para conseguir lo que queremos. Debemos combatir estos sentimientos.

Las cosas que verdaderamente valen la pena no son sencillas de lograr, no hay atajos. No podemos esperar que todo sea perfecto para poner manos a la obra.

Cuántas veces no hemos propuesto algo, con el viejo argumento de esperar a que todo esté en orden, a que todo esté en su lugar. Si no hacemos nada hasta que todo sea perfecto, nos vamos a quedar esperando.

"Ahora que tenga el título, busco trabajo". "Ahora que tenga más tiempo, empiezo con el ejercicio". Ejemplos hay miles. Lo que no hay es perfección.

Cualquier momento es bueno para empezar a fortalecer nuestra mentalidad triunfadora.

Lo que se necesita, lo traemos con nosotros mismos. Es el caso concreto de la visualización. La manera más directa de entender cómo la visualización nos puede ayudar, es comprender la frase tan coloquial de: "ya me vi".

Ese "ya me vi", es visualizar lo que queremos. Es una herramienta maravillosa para marcar nuestro camino, para preguntarnos ¿dónde vamos a estar en cierto tiempo y qué vamos estar haciendo? ¿Cómo vamos a enfrentar los problemas que nos impidan llegar a donde queremos?

Este sencillo ejercicio es fundamental para que los obstáculos que anteriormente nos frenaban para realizar un proyecto, ya no se perciban como barreras, sino ahora, como desafíos.

Además, es el punto de partida para contagiarnos de emoción, contagiarnos de la pasión de la que hablábamos en un principio.

Cuando más emocionada he estado con algún proyecto personal o profesional, es cuando más lista he estado para superar cada desafío y lograr mis objetivos.

La motivación es importantísima, pero no lo es todo.

También tenemos que saber actuar correctamente cuando las cosas no salgan como nosotros queremos.

BEDTIME STORIES

DISCURSO DE STEVE JOBS EN LA UNIVERSIDAD DE STANFORD DURANTE LA APERTURA DEL CURSO 2005

Conectar los puntos

Dejé la universidad de Reed (Portland, Oregon) tras los seis primeros meses, pero después seguí vagando por allí otros 18 meses, más o menos, antes de dejarlo del todo.

Entonces, ¿por qué lo dejé?

Comenzó antes de que yo naciera. Mi madre biológica era una estudiante joven y soltera, y decidió darme en adopción. Ella tenía muy claro que quienes me adoptaran tendrían que ser titulados universitarios, de modo que todo se preparó para que fuese adoptado al nacer por un abogado y su mujer. Sólo que cuando yo nací decidieron en el último momento que lo que de verdad querían era una niña. Así que mis padres, que estaban en lista de espera, recibieron una llamada a medianoche preguntando: "Tenemos un niño no esperado; ¿lo quieren?"

"Por supuesto", dijeron ellos. Mi madre biológica se enteró de que mi madre no tenía titulación universitaria, y que mi padre ni siquiera había terminado el bachillerato, así que se negó a firmar los documentos de adopción. Sólo cedió, meses más tarde, cuando mis padres prometieron que algún día yo iría a la universidad. Y 17 años más tarde fui a la universidad. Pero de una forma descuidada elegí una universidad que era casi tan cara como Stanford, y todos los ahorros de mis padres, de clase trabajadora, los estaba gastando en mi matrícula.

Después de seis meses, no le veía propósito alguno. No tenía idea de qué quería hacer con mi vida, y menos aún de cómo la universidad me iba a ayudar a averiguarlo. Y me estaba gastando todos los ahorros que mis padres habían conseguido a lo largo de su vida. Así que decidí dejarlo, y confiar en que las cosas saldrían bien. En su momento me dio miedo, pero en retrospectiva fue una de las mejores decisiones que nunca haya tomado.

En el momento en que lo dejé, ya no fui más a las clases obligatorias que no me interesaban, y comencé a meterme en las que parecían interesantes. No era idílico. No tenía dormitorio, así que dormía en el suelo de las habitaciones de mis amigos, devolvía botellas de Coca Cola por los 5 céntimos del envase para conseguir dinero para comer, y caminaba más de 10 kilómetros los domingos por la noche para comer bien una vez por semana en el templo de los Hare Krishna.

Me encantaba. Y muchas cosas con las que me fui topando al seguir mi curiosidad c intuición resultaron no tener precio más adelante. Les daré un ejemplo:

En aquella época la Universidad de Reed ofrecía la que quizá fuese la mejor formación en caligrafía del país. En todas partes del campus, todos los posters, todas las etiquetas de todos los cajones, estaban bellamente caligrafiadas a mano. Como ya no estaba matriculado y no tenía clases obligatorias, decidí atender al curso de caligrafía para aprender cómo se hacía.

Aprendí cosas sobre el serif y tipografías sans-serif, sobre los espacios variables entre letras, sobre qué hace realmente grande a una tipografía. Era sutilmente bello, histórica y artísticamente, de una forma que la ciencia no puede capturar, y lo encontré fascinante.

Nada de esto tenía ni la más mínima esperanza de aplicación práctica en mi vida. Pero diez años más tarde, cuando estábamos diseñando la primera computadora Macintosh, todo eso volvió a mí. Y diseñamos el Mac con eso en su esencia. Fue la primera computadora con tipografías bellas.

Si nunca me hubiera dejado caer por aquel curso concreto en la universidad, el Mac jamás habría tenido múltiples tipografías, ni caracteres con espaciado proporcional. Y como Windows no hizo más que copiar el Mac, es probable que ninguna computadora personal los tuviera ahora.

Si nunca hubiera decidido dejarlo, no habría entrado en esa clase de caligrafía y las computadoras personales no tendrían la maravillosa tipografía que poseen.

Por supuesto, era imposible conectar los puntos mirando hacia el futuro cuando estaba en clase, pero fue muy, muy claro al mirar atrás diez años más tarde. De nuevo: no puedes conectar los puntos hacia adelante, sólo puedes hacerlo hacia atrás. Así que tienes que confiar en que los puntos se conectarán alguna vez en el futuro. Tienes que confiar en algo, tu instinto, el destino, la vida, el karma, lo que sea. Porque creer que los puntos se unirán te darán la confianza de confiar en tu corazón. Esta forma de actuar nunca me ha dejado tirado, y ha marcado la diferencia en mi vida.

Fragmento

| Quoting

Desde que me cansé de buscar
he aprendido a hallar.

Friederick Nietzsche, filósofo alemán

El centrarnos en nuestro retos, fracasos y errores, crea una vibración negativa y hace que veamos nuestra meta como imposible y que abandonemos nuestro sueño.

Por eso, debemos aprender a entender nuestros fracasos y errores, como parte fundamental del proceso y como una oportunidad para mejorar.

Porque no podemos dejarnos sentir abrumados por todos los detalles que se necesitan cuidar y no podemos controlar todo.

No podemos dejar que el monstruo del control nos paralice con la exigencia incumplible del plan perfecto, de tener todos los detalles establecidos para no cometer ningún error. Los pequeños detalles nos pueden petrificar.

Tenemos que estar abiertos a la posibilidad de relajarnos, no perder de vista nuestra meta y continuar dando pequeños y firmes pasos hacia ella. Para no centrarnos únicamente en los detalles y perder de vista el panorama completo.

Porque a pesar de que hay tanto por hacer, a pesar que no queremos fracasar, debemos estar dispuestos a hacer lo mejor que podamos y a aprender y disfrutar el proceso.

| QUOTING
No hay fracasos,
sólo lecciones por aprender.

OPRAH WINFREY, conductora estadounidense de TV

Si no lo disfrutamos, es posible que el miedo nos invada y nos pongamos nosotros mismos 10 mil excusas para evitar avanzar. Que nos digamos, "Tal vez es mejor quedarme donde estoy, así tranquilo, sin cambios".

Aquí en ese momento, es donde debemos tener fe en nuestras habilidades, y en las metas que nos propusimos. Recordar que nuestras decisiones nos están abriendo nuevas oportunidades.

Que estamos en la dirección correcta, que estamos aprendiendo mucho y que nuestras posibilidades de lograr nuestra meta aumentan sólo de pensar en el éxito.

Convirtamos lo negativo en positivo, eligiendo avanzar con confianza hacia la meta que nos hemos trazado nosotros mismos, confiando en nuestras decisiones y disfrutando el camino.

Sin culpas,
soluciones

CAMINOS CON CORA

MINOS CON CORAZ

CON CORAZÓN CAMINOS CO

RAZÓN CAMINOS CON

CAMINOS CON CORAZÓN

CON CORAZÓN CAMINOS

ZÓN CAMINOS CON

CAMINOS CON CORAZÓN

CON CORAZÓN CAMINOS

RAZÓN CAMINOS CO

CORAZÓN CAMINOS

ZÓN CAMINOS CON

CORAZÓN RAZÓN CA

CORAZÓN CAMINOS CO

RAZÓN CAMINOS CO

VI

| QUOTING

El hombre que ha cometido un error
y no lo corrige, comete otro error mayor.

CHARLES DICKENS, *escritor británico*

¡Cómo me arrepiento de lo que hice!

Cuando uno realmente de corazón, dice estas palabras, esta pasando por un momento muy difícil de llevar, muy complicado.

Sólo recordar lo que hicimos nos hace sentir fatal, ¿cómo pudimos haber hecho eso? ¿En qué estábamos pensando? o más bien no estábamos pensando, no nos controlamos, ni nos contuvimos.

Queremos literalmente que la tierra nos trague, y no volver a hablar ni tocar nunca más el tema.

Pero por el otro lado, perdemos mucho tiempo y ganamos mucho estrés y malestar, imaginando cómo pudieron haber sido las cosas si hubiéramos actuado diferente.

Con ganas de tener una máquina del tiempo, viajar al pasado y corregir los errores que te están haciendo sentir así de mal.

Creo que es mejor, en vez de fantasear, actuar.

Es lo más común y normal del mundo sentir remordimiento y culpa cuando cometemos errores, es más, es bueno que lo sintamos, es un paso doloroso pero necesario para mejorar.

| QUOTING

El único hombre que no se equivoca
es el que nunca hace nada.

MAHATMA GANDHI, *político y pensador indio*

Nos vamos a equivocar muchas veces en nuestra vida. A veces pequeños errores sin importancia, que el paso del tiempo curará.

Otras veces, grandes errores que van a cambiar el rumbo de nuestra vida.

Errar es humano, equivocarse y vivir, van de la mano.

Uno de los errores más comunes que cometemos es no aceptar las realidades o consecuencias de nuestras acciones.

De forma natural tendemos siempre a protegernos de cualquier situación que nos pueda causar dolor, daño o vergüenza. Por tal razón cuando éramos pequeños y nuestra mamá o papá preguntaba "¿tú rompiste esto?" Nuestra respuesta casi siempre era no, aunque nos vieran con las manos en la masa.

Importa mucho más lo que tú piensas de ti mismo que lo que los otros opinen de ti.

Séneca, *filósofo romano*

A nadie le gustan los regaños, todos soñamos con una vida sin consecuencias negativas para nuestros actos. Donde simple y sencillamente, hagamos lo que hagamos, todos piensen, incluyéndonos nosotros mismos, que somos maravillosos.

No nos gusta equivocarnos, nos genera tensión romper con las reglas de conducta que nos han enseñado. No nos gusta herir a las demás personas o que las demás personas tengan un juicio negativo de nosotros. Por eso cuando en la vida real cometemos errores, la gente y nosotros mismos salimos lastimados.

Físicamente, profesionalmente, personalmente, espiritualmente, salimos lastimados.

De todo eso, se fortalece el sentimiento de culpa.

La culpa te fija en sucesos pasados y hace que despilfarremos una mayor cantidad de energía emocional, haciendo que nos inmovilicemos en el aquí y ahora, por algo que ya pasó.

Se vuelve una cadena larga que no nos deja disfrutar de la realidad.

Y lo mismo pasa con la preocupación, es decir, con obsesionarse de tal manera con hechos futuros, y pensar que lo peor puede pasar y que seguramente pasará.

| Quoting

La mayor rémora de la vida
es la espera del mañana
y la pérdida del día de hoy.

SÉNECA, *filósofo romano*

¿Qué podemos hacer para no tener esta cadena?
¿Qué podemos hacer para, si nos equivocamos,
no inmovilizarnos? ¿Cómo podemos aprender
de los errores y actuar para solucionarlos?

El primer paso es darnos un masaje interior, para disolver la tensión que existe en nosotros.

Y la manera de hacerlo es entender que está en nuestras manos realizar acciones concretas para reparar los daños ocasionados.

Por ejemplo, una simple y a la vez muy complicada, es disculparse, reconocer que nos hemos equivocado.

Preguntar qué podemos hacer para recomponer una situación y hacerlo. Llevarlo a cabo tiene en realidad un efecto profundamente reparador.

Decidirse y atreverse a decir "perdón", es la mejor manera de volver a respirar mejor.

Y este perdón hay que decírselo a quien lo merezca, empezando por nosotros mismos. Saber perdonarnos.

Porque si bien somos los únicos responsables por nuestras decisiones, nuestras acciones, perjudican a los demás.

De la misma manera, tenemos que entender que ningún sentimiento de culpabilidad cambiará el pasado ni nos hará una mejor persona.

El único momento en que podemos hacer las cosas diferentes es ahora, en el presente.

Me gusta siempre estar muy atenta, a que nada de mi pasado me impida realizar algo en el presente.

¿Estás evitando en el presente algo por culpa del pasado?

Si así es, hoy tienes una gran oportunidad para remediarlo. No es sencillo, no es mágico, pero sí es posible dejar al pasado donde debe estar; atrás.

Tus errores son cosa del pasado, cierto, en parte te han hecho lo que hoy eres, pero no definen lo que vas a ser.

| Quoting

Lo peor no es cometer un error,
sino tratar de justificarlo, en vez
de aprovecharlo como aviso providencial
de nuestra ligereza o ignorancia.

RABINDRANATH TAGORE, *Filósofo y escritor indio*

El pasado ahí está, inmovible, pero el presente, es para siempre.

Entender que en la vida tenemos una segunda oportunidad constante, es librarnos de cadenas.

Y si le sumamos valor para volver a recorrer el camino donde antes hemos fallado, entonces estamos haciendo una ecuación perfecta para sentirnos libres.

BEDTIME STORIES

DOS MONJES

Dos monjes que regresaban a su templo llegaron a un arroyo donde encontraron a una hermosa mujer que no se atrevía a cruzarlo, temerosa porque el arroyo había crecido y la corriente era fuerte.

Uno de los monjes, el mayor, casi sin detenerse, la alzó en sus brazos y la llevó hasta la otra orilla.

La mujer le agradeció, ya que su hijo estaba gravemente enfermo y ella necesitaba cruzar ese arroyo para verlo; los hombres siguieron su camino.

Después de recorrer tres días, el otro monje, el joven, sin poder contenerse más, exclamó: "¿Cómo pudiste hacer eso, tomar una mujer en tus brazos? Conoces bien las reglas...", y otras cosas por el estilo.

Respondió el monje cuestionado con una sonrisa: "Es posible que haya cometido alguna falta, pero esa mujer necesitaba cruzar ese arroyo para ver a su hijo. Yo sólo crucé a la mujer y la dejé en la otra orilla. ¿Pero qué te pasa a ti, que ya pasaron tres días del episodio y aún la llevas a cuestas?"

Yo la dejé del otro lado del arroyo.

| QUOTING

Los cielos nunca ayudan al hombre que no quiere actuar.

SÓFOCLES, *filósofo*

La emoción de sentirse libre de toda culpa es como haber recuperado la inocencia y la creatividad,
como cuando después de un día nublado por fin sale el sol.

Es vivir aquí y ahora, libre de esa carga pesada que te impide disfrutar plenamente y mostrar tus verdaderas capacidades.

Es tener una carga extra de energía liberada, para hacer con ella lo que queramos, es encontrar lo que se necesita para ser feliz.

Mirando hacia adelante, actuando para solucionar los errores que cometemos y que vamos a cometer.

Siendo felices, no porque no tenemos problemas, sino porque hacemos lo que haga falta para solucionarlos.

CAMINOS *CON* CORA

MINOS **CON** CORAZ

ON **CORAZÓN** CAMINOS **C**

RAZÓN **CAMINOS** CON

CAMINOS CON **CORAZÓN**

ON CORAZÓN CAMINOS

ZÓN CAMINOS CON

CAMINOS CON CORAZÓN

CON **CORAZÓN** CAMINOS

RAZÓN ÇAMINOS CC

CORAZÓN CAMINOS

ÓN CAMINOS CON

CORAZÓN CAMINOS

Cambia

ORAZÓN CAMINOS CC

RAZÓN CAMINOS CC

CAMINOS *CON* CORA

MINOS CON CORAZ

ON CORAZÓN CAMINOS CO

RAZÓN CAMINOS CON

CAMINOS CON CORAZÓN

CON CORAZÓN CAMINOS

ZÓN CAMINOS CON

CAMINOS CON CORAZÓN

CON CORAZÓN CAMINOS

RAZÓN CAMINOS CO

CORAZÓN CAMINOS

ZÓN CAMINOS *CON*

CORAZÓN *RAZÓN* CA

CORAZÓN CAMINOS *CO*

RAZÓN CAMINOS CO

VII

Este capítulo es una continuación natural del anterior, pero ahora quiero proponerte una posición que considero interesante: trataremos de que nuestra situación cambie para que los problemas se acaben, pero antes debemos cambiar nosotros mismos.

La vida está llena de momentos difíciles, de circunstancias no favorables, de situaciones que no son como deseábamos. De manera genérica llamamos a eso "problemas". Dichos momentos ofrecen, sin embargo, grandes oportunidades para aprender, crecer, fortalecernos; en fin: ser mejores personas.

Pero estas oportunidades no las dan los problemas mismos, el crecimiento siempre está más bien en las soluciones. Desgraciadamente es fácil ver los problemas y complicado ver cómo resolverlos.

El mayor problema es casi siempre que no sabemos enfrentar los problemas. ¡Cambia tus estrategias!

Plantear bien un problema casi siempre es la manera más clara de acercarnos a su solución.

| Quoting

La formulación de un problema
es más importante que su solución.

ALBERT EINSTEIN, *físico alemán*

Todos hemos escuchado ese famoso proverbio chino que señala que si algo no tiene solución no debería preocuparnos en demasía, pues entonces no está en manos de nadie cambiarlo, y si algo la tiene, tampoco debería preocuparnos demasiado, pues entonces hay una solución posible. ¿Por qué casi nadie lo aplica?

Solemos estar tan estresados por el problema que no vemos las soluciones.

¿Recuerdas ese viejo juego de encontrar cuadrados en una hoja cuadriculada? Los más inteligentes no sólo contaban los cuadros, sino cuadros más grandes que se formaban, a su vez, de cuadros, y así sucesivamente. Pero muy pocos son los juiciosos que contaban también el cuadro que era la hoja cuadriculada. Suele decirse, con razón, que para ver la solución de un problema, lo más conveniente es alejarse de él.

De ser posible toma distancia de tus problemas, ensaya pensar desde "otro punto de vista".

| Quoting

Un problema deja de serlo
si no tiene solución.

EDUARDO MENDOZA, *escritor español*

Algunas veces las cosas no funcionan porque la mayoría de las personas intentan hacer lo mismo de la misma manera.

Sé consciente de las acciones que tomas y piensa justamente en la forma en que nadie lo ha hecho. ¿Por qué?, es sencillo: hay alguna posibilidad de que, si haces las cosas como nunca nadie las intentó antes, entonces puedas lograr lo que nunca nadie logró antes.

Yo pensaba mucho en eso cuando empecé a trabajar en la radio. Todos me decían que era apenas una niña y no podía hacer eso.

Afortunadamente para mí, se equivocaron.

Hacerlo de la forma en que todos pensaban que no debería hacerse terminó dándome resultados.

Créeme esto: dentro de ti está la solución a todos los problemas.

En esto soy radical: dentro de nosotros está la solución a cualquier problema. ¿Eso significa que podemos cambiar la realidad?, no. Significa que tenemos el poder de luchar por cambiarla y si no podemos, tenemos el poder de cambiar nuestra actitud ante el problema. Lo cual siempre será una magnífica solución.

| QUOTING

Busca dentro de ti la solución de todos
los problemas, hasta de aquellos que creas más exteriores y materiales. Dentro de ti está siempre el secreto; dentro de ti están todos los secretos.

AMADO NERVO, *escritor mexicano*

Quejarse nunca ha sido una forma de solucionar las cosas.

Muchas veces me han dicho: "Tengo un gran problema: no encuentro trabajo". Lo primero que siempre contesto es entonces invéntatelo. Creo esto para la mayoría de las soluciones. Si no encuentras "la solución" entonces invéntala.

Si sobreviviste a un problema, eres más fuerte que antes, por eso suele decirse que lo que no nos mata nos fortalece.

| QUOTING

No existen problemas.

Existen pruebas que hay que superar.

Anónimo

Después de los problemas somos otros: nos conocemos más.

Cada problema que superes implica un crecimiento para tu persona. Creamos o no en una inteligencia superior, creamos que fue un reto intencional o una casualidad, sin duda alguna cada problema es una oportunidad de conocernos mejor, de aprender de nosotros mismos, es una oportunidad de crecer.

| BEDTIME STORIES

LA ZANAHORIA, EL HUEVO Y EL CAFÉ

Una joven se quejaba con su padre por los infortunios de su inexperta vida; no sabía qué ni cómo hacer para seguir adelante.

Estaba cansada de luchar en vano; apenas solucionaba un problema, aparecía otro.

Su padre era cocinero y hombre de pocas palabras. Después de escuchar los lamentos reiterados de su hija esa mañana, llenó tres ollas con agua y las puso sobre el fuego. Pronto estaban hirviendo. En una de ellas colocó zanahorias, en otra, huevos y en la última, granos de café.

La muchacha se preguntaba por las intenciones de su padre que no alcanzaba a comprender. A los 20 minutos el padre apagó el fuego. Sacó las zanahorias y las colocó en un plato; luego hizo lo mismo con los huevos y por último coló el café y lo puso en otro recipiente. Luego preguntó:

—¿Qué ves?

—Zanahorias, huevos y café —fue la respuesta inmediata.

El cocinero pidió a su hija que tocara las zanahorias. Ella lo hizo y observó que estaban blandas. Luego le dijo que tomara un huevo y lo rompiera; al quebrar la cáscara se dio cuenta de que estaba duro. Luego le señaló que probara el café y al gustarlo disfrutó de su rico aroma. La joven preguntó: —¿Qué significa todo esto?

Él entonces explicó que los tres elementos habían enfrentado la misma adversidad: el agua hirviendo. Sin embargo, los tres habían respondido de manera totalmente diferente.

La zanahoria cedió su dureza por blandura; el huevo cambió fragilidad por firmeza; solamente los granos de café lograron transformar el color y el sabor del agua.

El cocinero agregó: —Dime querida, cuando la adversidad golpea tu puerta ¿Cómo le respondes? ¿Eres zanahoria, huevo o un grano de café?

Cuento de la tradición oral

¡Cuántas personas que se jactan de su dureza desfallecen ante la primera contrariedad...! Otras en cambio, inesperadamente, pareciendo débiles, se fortalecen en los conflictos; muy pocos, en cambio, son capaces de superar las causas del dolor con una reacción positiva, inesperada, armónica, para bien de todos.

En vez de maldecir la temperatura del agua podríamos investigar la calidad de nuestra respuesta. El aroma del buen café impregna, es inconfundible, neto, siempre bien recibido.

Recuerda que no todos reaccionan igual ante los mismos problemas, ¿cómo te cambian a ti?

Esto es infalible: en un problema de relaciones, siempre habrá responsabilidad de ambas partes, y como sólo tienes control sobre tu parte, más te vale cambiar tú. Cuando una relación te traiga problemas cambia tú, ésa es la solución.

Tratar de solucionar un problema exige el momento justo. Cuando se presenta un problema en tu trabajo, con tu familia, con tu pareja, pregúntate si realmente es algo que no puede esperar (casi siempre sobredimensionamos la urgencia de arreglarlo). Si tienes algo de tiempo ¡tómatelo!

Decidir estresado o molesto es la peor idea. Tampoco intentes solucionar una discusión en el momento justo en que ambos están irritados. Tómate tu tiempo. Aléjate del problema. Te será más fácil ver las soluciones cuando no estés cegado por el nerviosismo o la ira.

Un consejo de uno de mis mentores: cambia, deja de quejarte: no hables de tus problemas con los demás a menos que sea para encontrarles solución.

No pierdas el tiempo quejándote, ¡cambia!

Aprende a escuchar a las personas. Valora a los que te dicen también lo que no quieres escuchar, ellos son los únicos que están dándote un punto de vista realmente valioso, porque, lo tomes o no lo tomes, es tu posibilidad de ver más allá de tus propias opciones de solución.

| QUOTING
Si no eres parte de la solución, eres parte del problema.

Anónimo

Cuando algo salga mal, no pierdas tu tiempo buscando culpables. Enfócate en las soluciones.

Un buen elemento para cualquier grupo es aquél que cuando llega a comunicar un problema, también lleva propuestas de soluciones.

Hazte un favor: no cargues con el juicio de los demás. Ya es difícil enfrentar un problema como para, encima, culparte por la opinión pública.

Mucha gente se aferra a cambiar a los demás para mejorar su situación: cambia tú, si eso no ayuda a que los demás cambien, acéptalos o aléjate. Tienes el absoluto derecho a hacerlo.

Trata de no "apagar incendios". Es mejor corregir el problema de raíz, de una sola vez, aunque esto sea demandante o costoso, que estar constantemente preocupado por atender pequeñas consecuencias derivadas de no atender lo medular.

| QUOTING

Cuando no se puede cambiar lo que se quiere,
mejor es cambiar de actitud.

Anónimo

Un día escuché una historia sobre un joven que quería cambiar el mundo; creció, y siendo adulto se dio cuenta que debía empezar por su país. Maduro, decidió acortar su meta y cambiar su ciudad. Ya entrado en años pensó que lo mejor sería empezar por cambiar su entorno. Viejo, descubrió que debió cambiarse primero a él mismo, y que ése hubiera sido un mejor detonante de todo.

No hagas una tormenta en un vaso de agua. Las tormentas cambian, pero asegúrate de que valga la pena desgastarte por el cambio.

Un buen amigo siempre dice "distingue la raíz de las hojas".

Normalmente queremos solucionar la parte más superficial de un problema porque pensamos en cambios inmediatos.

Los cambios importantes requieren esfuerzo, tiempo y paciencia. Ve a la raíz, una buena raíz siempre dará como consecuencia buenas hojas.

Todos piensan en cambiar al mundo,
pero nadie quiere cambiarse a sí mismo.

Alexei Tolstoi, *escritor ruso*

Evalúate antes a ti mismo que a los demás: Cuando alguien te pide un consejo y no sabes qué hacer, sólo apóyalo, es la mejor ayuda que puedes ofrecer.

Provoca cambios: todos los días hay quejas sobre cómo la gente se comporta, lo sorprendente es que muchas de esas formas de comportamiento vienen de no saber cómo actuar, dar el ejemplo es la forma más hábil de lograr que alguien se comporte de diferente manera.

Vamos a analizar este ejemplo: Todos los días pasaba por esa esquina donde todos dejaban sus desechos, el olor llegaba a mi casa y varios vecinos lo único que hacíamos era sufrir y desear que algún día pasara un camión y se llevara todo aquéllo, pero al no ser un lugar "oficial" de dejar basura, nunca sucedió. Yo me quejaba y maldecía de aquellos que tiraban sus desechos ahí, hasta que caí en cuenta que hacía falta que hubiera otro "alguien" que se decidiera a limpiar todo. Un día decidí actuar: organicé a mis vecinos —la mayoría cansados e inconformes— y comenzamos el trabajo. Todo quedó limpio y por algún motivo la gente que llevaba media vida tirando cosas ahí, dejó de hacerlo, tal vez porque era la basura la que atraía la misma basura, tal vez porque convencidos por el cambio, la gente cambió.

| QUOTING

Las masas humanas más peligrosas
son aquellas en cuyas venas ha sido inyectado
el veneno del miedo, el miedo al cambio.

OCTAVIO PAZ, *escritor mexicano*

Llegar a un lugar y sufrir discriminación puede ser el pan de cada día, nosotros tenemos el poder de que esas personas sigan comportándose así, por ejemplo, como no asistiendo a ese tipo de lugares.

Tomemos riesgos para cambiar y cambiar actitudes, por ahí se empieza, desde lo más básico: arriesguémonos a abrazar a alguien, arriesguémonos a platicar con los que parecen malhumorados. Darle una sonrisa y un "buenos días" a la gente que está "de genio" cuando atiende (los de las ventanillas), o llevarles un pequeño regalo para sorprenderlos y obtener una sonrisa. Cuántas veces nos hemos topado con personas que no hacen más que quejarse que viven en una burbuja en la que todo está mal, todos les huyen, se quejan de la pobreza cuando les costaría menos darle un regalo a un niño pobre o ayudar a asociaciones; se quejan por su trabajo en lugar de crear un proyecto para ascender; se quejan de su físico en lugar de hacer ejercicio o ser más cuidadosos con su dieta.

Tú eres el mayor de tus problemas, pero también eres la mayor de tus soluciones.

Reconcíliate contigo, ve por la mejor versión de ti.

Libertad
de elegir

CAMINOS *CON* CORA

MINOS CON CORAZ

ON CORAZÓN CAMINOS CO

RAZÓN CAMINOS CON

CAMINOS CON CORAZÓN

CON CORAZÓN CAMINOS

ZÓN CAMINOS CON

CAMINOS CON CORAZÓN

CON CORAZÓN CAMINOS

RAZÓN CAMINOS CO

CORAZÓN CAMINOS

ZÓN CAMINOS *CON*

CORAZÓN *RAZÓN* CA

CORAZÓN CAMINOS *CO*

RAZÓN CAMINOS CO

VIII

Hay una sola cosa que nos hace criaturas distintas a todas las demás, una especie distinta a todas las que han pisado este planeta, una especie distinta a todas las que ha visto la historia: nuestra sofisticada capacidad de elegir.

| Quoting

La libertad significa responsabilidad; por eso, la mayoría de los hombres le tiene tanto miedo.

GEORGE BERNARD SHAW, *escritor irlandés*

La libertad es, por definición, la capacidad de elegir. Somos libres en tanto elegimos y siempre hay posibilidad de elegir. Aun cuando nuestras opciones se reduzcan a "sí" o "no" seguimos siendo libres en todo momento.

A veces, la gente confunde libertad con poder. No somos absolutamente poderosos, pero somos absolutamente libres.

Tampoco tiene sentido pensar en nuestra libertad para hacer lo que no podemos. Pero no poder ir a la luna mañana, por ejemplo, no es un límite de nuestra libertad, sino de nuestras capacidades.

Ser libre implica la absoluta responsabilidad de nuestros actos.

Aun cuando a veces parezca que no podemos elegir las circunstancias, recuerda que siempre podremos elegir cómo reaccionar ante ellas.

¿Cómo has elegido vivir?

| Quoting

Libertad es poder decir sí o no;
lo hago o no lo hago,
digan lo que digan mis jefes o los demás;
esto me conviene y lo quiero,
aquéllo no me conviene y por tanto no lo quiero. Libertad
es decidir, pero también, no lo olvides,
darte cuenta de que estás decidiendo.
Lo más opuesto a dejarse llevar, como podrás
comprender.

FERNANDO SAVATER, *filósofo español*

Si respondieras a la pregunta "¿quién soy?" verdaderamente a fondo, ¿estarías satisfecho?

¿Cuánto, de lo que eres, te inquieta, te molesta, te repugna? Sé consciente de que tú lo has elegido y elige otra cosa. Eres responsable de lo que eres y eres responsable de seguir siéndolo, ¿quieres ser distinto? ¡Elígete distinto!

La verdadera libertad consiste en
el dominio absoluto de sí mismo.

MICHEL DE MONGTAINE, *pensador francés*

No se es plenamente libre hasta que no elegimos plenamente ser lo que somos ¿cuánto de lo que hemos elegido será una imposición social?

A veces pienso lo sospechoso que es que la gente elija estilos de vida parecidos, los mismos autos, los mismos destinos de viaje. Me deprimiría saber que soy una copia de los demás, pero no porque me esfuerce por ser diferentes sino porque al esforzarme por ser yo misma, naturalmente seré distinta a los demás. Que no te preocupe el hecho de no parecerte en nada a la demás gente. Probablemente sólo te acercas a parecerte más a ti.

La plenitud de la libertad personal también implica la libertad de los demás.

¿Qué haces ante la libertad de los demás?

¿Sueles contribuir al ejercicio de ésta, o por el contrario, te aferras en estropear sus elecciones?

Date cuenta que tú eres responsable tanto de tus buenas decisiones como de las malas. La responsabilidad ante los errores no es sino totalmente tuya, lo mismo que el mérito por los éxitos.

ENTRENAMIENTO DE PULGAS.

Se sabe que años atrás, los circos de pulgas eran atracciones famosas. La gente hacía filas para contemplar, incrédula, cómo pequeños balancines se movían. Pocos saben, sin embargo, cómo se llevaba el proceso de entrenamiento: se ponía sobre la pulga una pequeña caja de cristal. El pequeño insecto saltaba, como su naturaleza manda, pero golpeaba constantemente con los límites de la caja. Arriba o a los lados, constantemente chocaba.

Instintivamente, la pulga iba acortando poco a poco sus saltos, de tal manera que éstos no le ocasionaran un encuentro violento con los límites.

Sus entrenadores, pacientes y observadores, una vez que comprobaban que ésta había recortado sus saltos lo suficiente para no rebasar los límites de la caja, la removían.

Las pulgas nunca volvían a saltar más allá de los límites de aquella caja, ahora ausente. Sus movimientos se reducían a la altura y la anchura de aquellos primero invisibles y ahora inexistentes límites. Algunos viejos dicen que a los humanos se les entrena igual que a las pulgas. Luego de una vida de constantes no puedes, no puedes, no puedes. Algunos humanos van aceptando límites que algún día dejarán de existir, pero que ellos nunca considerarán como desaparecidos.

Cuento de la tradición oral

¿Eres consciente de que muchos de tus supuestos "límites" no son más que imposiciones sociales? Tal vez hay cosas que no podrías hacer hace años y hoy lograrías hacer, pero has dejado que límites invisibles reduzcan tu margen de acción.

¡Salta más allá de lo que te dijeron que era posible! ¡Sé libre!

La gente suele pensar que hay personas más o menos libres. Eso es falso. Hay circunstancias en las que se tienen más o menos opciones, pero siempre se es igual de libre ante esas opciones.

¿Escoger entre uno y dos, o escoger uno entre mil? Se es igual de libre para ambas empresas, pero el número de opciones difiere.

¡Atrévete a contradecir a los demás!

Deja que los demás sean libres.

| Quoting

La libertad, Sancho, es uno de los más preciosos dones que a los hombres dieron los cielos; con ella no pueden igualarse los tesoros que encierran la tierra y el mar: por la libertad, así como por la honra, se puede y debe aventurar la vida.

MIGUEL DE CERVANTES SAAVEDRA, *escritor español*

No te asustes de quienes no piensan como tú. Respeta lo más sagrado de los otros: su soberanía

Tampoco te asustes de no pensar como los demás, lo que hoy es normal ayer fue extraño, y tal vez un día tus pensamientos más extraños se vuelvan una guía para el mundo.

La libertad es también una condena: no podemos librarnos de ella de ninguna manera. Estamos encadenados a nuestra libertad y eso nos obliga a ser libres en todo momento. Lo que hacemos es por tanto nuestra responsabilidad.

Los seres humanos somos culpables de nuestras faltas, lo mismo que merecedores de nuestros aciertos.

| **QUOTING**

El hombre nace libre,
responsable y sin excusas.

JEAN-PAUL SARTRE, *filósofo francés*

Puede decirse que, al final de cuentas, los seres humanos no somos tan libres: que tenemos una libertad más o menos frágil: después de todo pueden secuestrarnos, o puede argüirse que estamos influenciados fuertemente por el medio, o que a veces tenemos reducidas opciones, o que no somos todopoderosos para elegir esas opciones, o que muchas veces no podemos elegir lo que realmente querríamos tener. Me da igual cuando dicen todos esos argumentos: los seres humanos más grandiosos de la historia cambiaron para siempre este planeta y a la humanidad misma con esa "poca" libertad.

Además, como he dicho antes, si quieres cambiar el mundo deberías empezar por ti.

Si tienes una semilla de limón, la siembras en tierra fértil para limón, y esperas el tiempo que requiere de desarrollo un limón ¿adivina qué tendrás al final de la historia? En cambio, los seres humanos somos libres. Eso significa que nada está 100 por ciento escrito para nosotros. Puedes tener a un hombre que nace en una familia de médicos, que desde niño escucha sobre las bondades de la medicina, que es inscrito en una prestigiosa escuela de médicos y aun así no tener un médico. Lo mismo pasa para los hombres que tenían un ambiente desfavorable. Los seres humanos siempre podemos escoger qué ser, a pesar de nuestras circunstancias.

| Quoting

El hombre ha nacido libre, pero por todas partes
intentan rodearlo de cadenas

JEAN-JACQUES ROUSSEAU, *filósofo francés*

Y lo que escojas es lo que quieres para el resto de tu vida. Así que hay que escoger bien.

El mejor regalo de todos es cuando alguien te pregunta "¿quién eres?" La respuesta a esa pregunta depende absolutamente de ti. Puedes contestar lo que tú quieras.

Basta que lo elijas. Elige lo que quieras ser. Siéntete orgulloso de construir la mejor versión de ti. Porque eres libre para eso.

Recapitulando

CAMINOS *CON* CORA

MINOS CON CORAZ

CON CORAZÓN CAMINOS C

RAZÓN CAMINOS CON

CAMINOS CON CORAZÓN

CON CORAZÓN CAMINOS

ZÓN CAMINOS CON

CAMINOS CON CORAZÓN C

CON CORAZÓN CAMINOS

RAZÓN CAMINOS CO

CORAZÓN CAMINOS

ZÓN CAMINOS *CON*

CORAZÓN *RAZÓN* CA

CORAZÓN CAMINOS CO

RAZÓN CAMINOS CO

IX

En ningún momento me atrevería siquiera a pensar, que tengo las respuestas para los problemas que enfrentamos en esta maravillosa vida.

A lo largo de estas páginas, he querido compartir algunas ideas, pensamientos y convicciones,que han tenido un efecto positivo en mi vida.

Ideas, pensamientos y convicciones, que entre otras muchas cosas, me han permitido hacer realidad el sueño de poder compartir estas líneas contigo.

Deseo exactamente lo mismo para ti. Que construyas un camino para hacer realidad tus sueños.

Espero que hoy sea una constante, que preguntes por qué deseas lo que deseas y qué es lo que debes hacer para conseguirlo.

Si bien la realidad se encargará muchas veces de contradecir nuestros deseos, también es un hecho que tenemos la fuerza para luchar por ellos.

Espero que este libro te ayude a construir un escudo contra las personas que se burlen de tus sueños.

Un escudo hecho de confianza en ti mismo y de cercanía con gente crítica; *esa gente que te dice la verdad, que te ayuda a definir tus sueños y te cuestiona sobre la forma en que actuarás para lograrlo.*

Esos críticos suelen ser los que más te inspiran y ayudan. Aunque muchos de sus comentarios no sean lo que quieras escuchar.

¿Ya le contaste tus sueños a la gente adecuada?
¿Ya te preguntaron, qué pasó con tu sueño?

De igual manera, ojalá que hayas encontrado en estas páginas una inspiración, por pequeña que sea, para dejar de postergar tus anhelos y para dejar de buscar pretextos para no actuar.

Espero con el corazón que ese viejo sueño que tienes, ya esté desempolvado y esté convertido en metas claras, con objetivos reales y a corto plazo, para que puedas evaluar tu accionar de manera continua.

Recuerda que cada minuto sin hacer lo que quieres,
es un minuto menos de ser lo que quieres.

Ser lo que uno quiere ser, no es fácil.

La vida está llena de momentos difíciles, de circunstancias no favorables, de situaciones que no son como deseábamos.

Recuerda que estos momentos difíciles, estos "problemas" nos ofrecen grandes oportunidades para aprender, crecer, fortalecernos; en fin: ser mejores personas.

No tengas duda, dentro de nosotros está
la solución a cualquier problema.
Espero que las citas, los cuentos, los pensamientos que
están aquí contenidos, te sean tan útiles, como a mí me han
sido, para intentar construir una mejor versión de uno mismo.

Para dejar salir a esa persona sin miedo a intentar las cosas.

Ese hombre o mujer, que sabe que seguramente se podrá equivocar un par de veces, pero también, que intentar es el camino para aprender.

Esa mujer, ese hombre, que no tiene vergüenza o temor de preguntar.

Preguntar para identificar a las personas que valen la pena. A las que desean compartirnos algo valiosísimo: sus conocimientos.

Nunca me he avergonzado de decir no sé;
por el contrario: me enorgullece preguntar, pues es
una contundente forma de decir: "quiero saber".

No hay que temerle a la ignorancia, hay que concentrarnos en cómo preguntar para lograr ser comprendido.

Preguntar adecuadamente nos animará a ser lo que queremos, nos ayudará a no tener miedo a equivocarnos y a entender que los errores son inevitables.

Espero te sea muy útil lo que compartí contigo sobre los errores, sobre cómo dejar a un lado la culpa.

El error es nuestro compañero de viaje, más aún en esta vida, donde conseguir cualquier meta implica un esfuerzo, y cualquier logro una recompensa.

Por lo tanto, recordemos que cuando los errores surjan, y vengan acompañados del remordimiento y de la culpa, los podemos ver como un paso doloroso pero necesario para mejorar.

La culpa nos fija en sucesos pasados, hace que nos inmovilicemos en el aquí y ahora, y despilfarra nuestra energía emocional.

Lo mismo pasa con la preocupación, es decir, con obsesionarse de tal manera con hechos futuros, y pensar que lo peor puede pasar y que seguramente pasará.

Recordemos que podemos librarnos de todo esto, con un buen masaje interior que disuelva la tensión que existe en nosotros.

Que está en nuestras manos realizar acciones concretas para reparar los daños ocasionados:

Como por ejemplo; disculparse, algo tan simple y a la vez tan complicado, preguntar qué podemos hacer para recomponer la situación y sobre todo, hacerlo.

Cumplir con estos pasos tiene en realidad un efecto profundamente reparador.

El pasado ahí está, inamovible, pero el presente es para siempre.

Entender que en la vida tenemos una segunda oportunidad constante, es librarnos de cadenas.

Finalmente, tengo la esperanza que lo que aquí compartí sobre la libertad, genere una pequeña inquietud por profundizar en este tema tan maravilloso.

La libertad, esa máxima fortaleza de los seres humanos, y esa máxima responsabilidad también.

Ojalá que te anime a reflexionar sobre lo que implica respetar lo más sagrado de los otros: su soberanía.

No podemos librarnos de nuestra libertad, estamos encadenados a ella y eso nos obliga a ser libres en todo momento. Lo que hacemos es por tanto nuestra responsabilidad.

Y debemos asumir esta responsabilidad con tranquilidad y confianza, sin miedo a no pensar como los demás, porque lo que hoy es normal, ayer fue extraño, y tal vez, un día nuestros pensamientos más extraños serán la guía para el mundo.

Como ya lo mencioné, el compartir estas experiencias, reflexiones, ideas y cuentos, había sido un sueño que atesoré durante largo tiempo.

Ahora, mi nuevo sueño es que encuentres en ellas,
una motivación para construir tu propio camino;
y que ese camino, sea un camino con corazón.
Un camino que tenga su inicio en lo más profundo de ti,
en tus sueños y su final tan lejos y alto, como tú quieras.

Índice

CAMINOS CON CORA
MINOS CON CORAZ
CON CORAZÓN CAMINOS CO
RAZÓN CAMINOS CON
CAMINOS CON CORAZON
CON CORAZÓN CAMINOS
ZÓN CAMINOS CON
CAMINOS CON CORAZÓN C
CON CORAZÓN CAMINOS
RAZÓN CAMINOS CO
CORAZÓN CAMINOS
ZÓN CAMINOS CON
CORAZÓN RAZÓN CA
CORAZÓN CAMINOS CO
RAZÓN CAMINOS CO

ISBN 978-607-401-563-8